KOMPASS Wanderbuch

SALZKAMMERGUT DACHSTEIN

Heinz Fleischmann GmbH u. Co. · Geographischer Verlag
Innsbruck · München · Trento

4. Auflage 1992

Redaktion, Texte und Tourentips: Dr. Helmut Teutsch
Wir danken den Verkehrsvereinen Grünau, Bad Ischl, Strobl, St. Wolfgang und dem LFVV OÖ für die Hilfe bei der Beschaffung von Unterlagen und Bildern.

Da die Angaben eines Wanderführers in der heutigen, so schnellebigen Zeit fast ständig Veränderungen unterworfen sind, kann für die Richtigkeit keine absolute Gewähr übernommen werden. Auch lehrt die Erfahrung, daß Irrtümer nicht ganz zu vermeiden sind. Für Berichtigungen und Verbesserungsvorschläge ist die Redaktion daher stets dankbar.

Korrekturhinweise bitte an folgende Anschrift:
Fleischmann & Mair Ges.m.b.H., Kaplanstr. 2, A-6040 Innsbruck/Rum

Bilder auf dem Einband:

Traunkirchen (Geiersperger, Bildagentur Dr. Gerd Wagner)
Schneerosen (Hagner)
Abendstimmung (Hagner)

Bildnachweis: FVV Grünau S. 46/47; FVV Ebensee S. 113; FVV Mondsee S. 19; FVV St. Gilgen S. 15; FVV Strobl S. 33; FVV St. Wolfgang S. 37; Kurkommission Bad Aussee S. 111; Kurverwaltung Bad Goisern S. 80; Landesfremdenverkehrsverband Oberösterreich S. 75, S. 77; Schwanninger S. 10/11; Dr. Teutsch S. 6, S. 39, S. 51, S. 62, S. 65, S. 68, S. 71, S. 95, S. 101, S. 109; VV Annaberg S. 93.

ISBN 3-87051-325-X
Verlagsnummer 918

Vorwort

Salzkammergut – ein weitgespannter Bogen an Erlebnissen und Urlaubserinnerungen wird in jedem wach, der dieses landschaftliche Kleinod zwischen Schafberg und Großem Priel, zwischen Dachstein und Gmunden besucht hat. Überall trifft man auf kulturhistorische Stätten, bodenständiges Brauchtum und alte Bergknappentradition, die von jahrhundertealtem Salzabbau beeinflußt wurden. So feierte zum Beispiel Hallstatt im Jahre 1982 das 4.500jährige Bestehen seines Salzbergwerkes, das nicht nur zu den ältesten der Welt zählt, sondern auch einer historischen Epoche, der Hallstattzeit, seinen Namen gab.
Seinen weltbekannten Ruf verdankt jedoch das Salzkammergut seiner harmonischen Landschaft, den zahllosen Seen und den Gebirgsszenerien, die sich dem Urlauber allerorts anbieten. Deshalb erwählte sich kein geringerer als Kaiser Franz Joseph I. diese Umgebung zur Sommerresidenz, wie die Bad Ischler Kaiservilla heute noch bezeugt.
Wer auf den empfohlenen siebzig Wanderungen im Salzkammergut die Täler, Almen und Berggipfel sozusagen Schritt für Schritt entdeckt, wird sich nicht nur an der Gesteinsvielfalt und der reichen Pflanzenwelt erfreuen, sondern auch die Gastfreundschaft der offenen, herzlichen Bevölkerung kennenlernen. Freilich kann der vorliegende Band nur einen Bruchteil dessen beinhalten, was das Salzkammergut dem Wanderer und Bergfreund an Entdeckenswertem zu bieten vermag.
Das Wanderbuch »Salzkammergut – Dachstein« soll ein kleiner, handlicher Wegweiser sein, der in jede Rocktasche, in jeden Rucksack paßt, bei der Planung von Touren zur Hand geht und Sie zu den vielen kleinen und großen Wundern unserer Bergwelt begleitet.

Dr. Aldo Debene
Landes-Fremdenverkehrsdirektor Oberösterreich i. R.

Inhaltsverzeichnis

Dachstein
Salzkammergut

Salzkammergut – Dachstein

Die Namensgebung geht auf die schon in der älteren Eisenzeit einsetzende Salzgewinnung zurück. Da während der Habsburger Herrschaft diese Region der Hofkammer unterstellt war, also Kammergebiet war, ist die Bezeichnung »Salzkammergut« ein historischer Begriff. Allmählich erfuhr jedoch diese verwaltungspolitische Bezeichnung eine Ausweitung im geographischen Sinn und dient heute allgemein der Bezeichnung des Raumes, der sich von den Kalkstöcken des Dachsteins, Grimmings und Toten Gebirges im Süden bis in das offene Alpenvorland an den Ufern der großen Seen im Norden, vom Zungenbecken des eiszeitlichen Salzachgletschers im Westen bis über die Traunsteingruppe im Osten erstreckt.
Die reizvollen Gegensätze im Landschaftsbild finden ihre Erklärung im geologischen Bau, in dem sich drei Zonen unterscheiden lassen. Das Hochgebirgsland im Süden ist den Nördlichen Kalkalpen zuzurechnen, deren markante Felsformen sich im Traunstein am weitesten nach Norden vorschieben. Daran schließen sich nordwärts die sanften Kuppen der Flysch-Sandsteinzone an. Der Mond-, Atter- und Traunsee greifen schon etwas in die Region der Kalkalpen hinein. Die mächtigen Gletscher, die in der Eiszeit vom Hochgebirge bis in das Alpenvorland strömten, formten die Täler, schürften die Becken der großen Seen aus und lagerten mächtige Moränen ab. Diese Dreigliederung der Landschaft wiederholt sich im Pflanzenkleid und in der wirtschaftlichen Nutzung. Das Kulturland beschränkt sich im wesentlichen auf das fruchtbare Alpenvorland, auf die Ufer der Seen und die Talweiten, wobei wegen des niederschlagsreichen Klimas das Grünland vorherrscht. Herrliche, in tieferen Lagen bunt gemischte und überall forstlich gut gepflegte Wälder überziehen die Hügel der Flyschzone, aber auch die Sockel des Kalkgebirges. Almgebiete bilden den Übergang zur öden Welt des Hochgebirges, dessen bleiche Kalkfelsen und Gipfel aber auch oft unmittelbar aus dunklen Fichten- oder Legföhrenbeständen emporstreben.

Geologie

Die südliche Umrahmung des Salzkammerguts bilden die mächtigen Kalkstöcke des Dachsteins und das Tote Gebirge. Beide, Dachstein und Totes Gebirge, sind im großen und ganzen ähnlich gebaut. Ihre unteren Partien bestehen hauptsächlich aus Dolomit, der durch die Verwitterung leicht zerbröckelt und von wirren Klüften und Runsen durchzogen wird. Darauf ruhen die mächtigen, meist nahezu horizontal gelagerten Bänke aus Dachsteinkalk, die die weiten Karsthochflächen beider Gebirge tragen. Heute bedecken nur die Nordseite des Dachsteins sechs stark schwindende Gletscher. Ihr Wasser fließt teilweise unterirdisch ab. Die Kalkhochflächen von Dachstein und Totem Gebirge sind Musterbeispiele ausgesprochener Karstlandschaften. Ihr Inneres birgt ein Labyrinth von Gängen, unterirdischen Flüssen und ausgedehnten Tropfstein- und Eishöhlen, deren Geheimnisse noch von Wissenschaft-

◀ Gosausee mit Dachstein

lern und »Tiefenalpinisten« erforscht werden. Nur in den weltberühmten Dachsteinhöhlen ist ein Teil dieser unterirdischen Wunderwelt dem Publikum erschlossen.
Zwischen den Kalkstöcken des Salzkammerguts liegt eine völlig anders gestaltete Landschaft, in welcher der bunte Wechsel verschiedener Kalke von geringerer Mächtigkeit mit leicht verwitternden Tonen, Schiefern und Mergeln bestimmend ist. Im Bereich dieser wenig widerstandsfähigen Gesteine wurden Täler und Becken ausgeräumt, die durch einzelne Gebirgsschollen getrennt werden. Die Kalke dieser sogenannten Hallstätter Decke bergen einen ungemeinen Reichtum an Versteinerungen (bekannte Fundstätte zwischen Rötelstein und Kampl). Das Salz wird durch Auslaugen im »Haselgebirge«, einem brekzienartigen Gemenge aus Ton, Gips, Salz und Anhydrit gewonnen (Gips- und Anhydritabbau bei Gößl).

Siedlungsgeschichte

Spuren altsteinzeitlicher Bärenjäger konnten in den Salzöfen im Toten Gebirge oberhalb des Grundlsees nachgewiesen werden. Auch einzelne jungsteinzeitliche Funde beweisen, daß dieser scheinbar so abgeschlossene Gebirgsraum bereits in frühester Zeit von Menschen aufgesucht wurde. Davon zeugen auch die Pfahlbausiedlungen, deren Reste man nebst anderen Funden an den Ufern des Mond- und Attersees entdeckte. Diese werden dem Ende der Jungsteinzeit (Mondseekultur) zugerechnet. Man kann annehmen, daß das Salz, das die geschichtliche Entwicklung hier wesentlich beeinflußte, schon damals eine Rolle spielte. In der älteren Eisenzeit brachten der Salzbergbau und Handel der Bergbausiedlung Hallstatt eine wirtschaftliche Blüte, die durch so reiche Funde bezeugt wird, daß die ganze Periode danach benannt wurde. Die illyrischen Träger der Hallstattkultur wurden im Laufe der jüngeren Eisenzeit von den Kelten zurückgedrängt, deren Königreich Noricum 15 v. Chr. römische Provinz wurde. Sowohl in Hallstatt als auch im Ausseer Land konnte die Anwesenheit der Römer durch Funde nachgewiesen werden. In der Völkerwanderungszeit nahmen von Süden slawische Siedler das Ausseer Land in Besitz und drangen an der Traun entlang weiter nach Norden vor. Beweise hierfür liefern z. B. das große slawische Gräberfeld (aus dem 7. u. 8. Jh.), das in Krungl bei Mitterndorf freigelegt wurde, oder auch die zahlreichen Orts- und Flurnamen slawischen Ursprungs. Im steirischen Salzkammergut ist der slawische Einfluß auch an den Hofformen (ursprünglich karantanische Haufenhöfe, heute meist Zwiehöfe) und an der Bauweise (steiles Dach mit Walm) zu erkennen. Von Norden erfolgte vom 6. Jh. an die Landnahme der Bayern, die im Kampf gegen Slawen und Awaren vordrangen. Die von ihnen gegründeten und mit reichem Grundbesitz ausgestatteten Stifte und Klöster wurden Keimzellen der Kolonisierung und Christianisierung des Landes. Neben der Kirche erwarben aber auch weltliche Geschlechter bedeutende Besitzungen, unter ihnen vor allem die Traungauer, denen vermutlich seit dem 10. Jh. ein Großteil des Salzkammergutes gehörte. Dieser Besitz fiel 1192 zusammen mit ihrem

Herzogtum Steiermark durch Erbvertrag an die Babenberger, deren Nachfolger nach einem kurzen Intermezzo unter Ottokar von Böhmen 1282 die Habsburger wurden.

In dieser Zeit hatte der Salzbergbau, der durch die Wirren der Völkerwanderungszeit schwer beeinträchtigt worden sein dürfte, bereits neuerdings große Bedeutung gewonnen und manchen heftigen Streit ausgelöst. Salz wurde im Mittelalter außer in Hallstatt, wo sich Herzog Albrecht I. um die Wiederbelebung des Bergbaus bemühte und zu seinem Schutz 1284 den Rudolfsturm errichten ließ, auch am Sandling gewonnen. Der Abbau ist hier seit 1147 urkundlich belegt, nach bergmännischer Überlieferung wurde er jedoch am »Michlhallberg« (an der Westseite des Sandlings) bereits um 800 betrieben. Als Landesfürsten nahmen die Habsburger den Salzbergbau, das Sudwesen und den Salzhandel immer fester in ihre Hand, worauf die Entwicklung des in Österreich bestehenden staatlichen Salzmonopols zurückzuführen ist. Sie stießen dabei auf den Widerstand der Ausseer »Hallinger«, einer wirtschafts- und sozialgeschichtlich interessanten Führungsschicht, die sich aus den mit dem Sudwesen befaßten Fachkräften bereits Anfang des 14. Jahrhunderts herauskristallisiert hatte. Diese erwarben erbliches Recht auf ihre Arbeitsplätze an den Pfannen. Allmählich schwangen sie sich zu selbständigen Unternehmern auf, die sich zur Durchsetzung ihrer Interessen zu einer Genossenschaft zusammenschlossen. Dadurch konnten sie einen Druck auf die Landesherren ausüben, die ihre Genossenschaften anerkennen und ihren Forderungen nachgeben mußten. Durch ihre Sonderstellung erwarben die Hallinger Reichtum und gesellschaftliches Ansehen und bauten ihre Macht durch Erweiterung ihrer Rechte auf die gesamte Salzwirtschaft, die ihnen schließlich in Pacht überlassen wurde, aus. Reichtum und Selbstherrlichkeit der Hallinger waren dann offenbar Kaiser Friedrich III. ein solcher Dorn im Auge, daß er ihre Gewerkschaft 1448 auflöste und die einzelnen Mitglieder zwang, ihre Anteile an ihn zu verkaufen. Die Angehörigen dieser letzten Hallingerfamilien konnten jedoch ihre soziale Stellung behaupten, da der Kaiser, der ihre reichen Erfahrungen nicht ungenutzt lassen wollte, ihnen wichtige Ämter übertrug. Das landesfürstliche Kammergut bildete jahrhundertelang einen kleinen »Salzstaat« im Staate, der von politisch selbständigen Salzämtern in Aussee und Gmunden verwaltet wurde, wobei die heute steirischen und oberösterreichischen Teile immer in enger Beziehung zueinander standen und zeitweise auch unter der Aufsicht eines Oberamtmannes in Gmunden zusammengefaßt wurden. Die landesfürstliche Salzverwaltung beeinflußte die gesamte Wirtschaft des Gebietes und richtete wegen des großen Holzbedarfes auf die Bewirtschaftung der Wälder besonderes Augenmerk. Den Landesherren und ihrem Hof lagen vor allem auch der Schutz und die Pflege der Jagdinteressen am Herzen. Diese führten wohl auch Erzherzog Johann wiederholt, das erstemal wahrscheinlich im Jahre 1808, in das Ausseer Land. Dieser war jedoch nicht nur ein guter Jäger und begeisterter Naturfreund, sondern er kümmerte sich

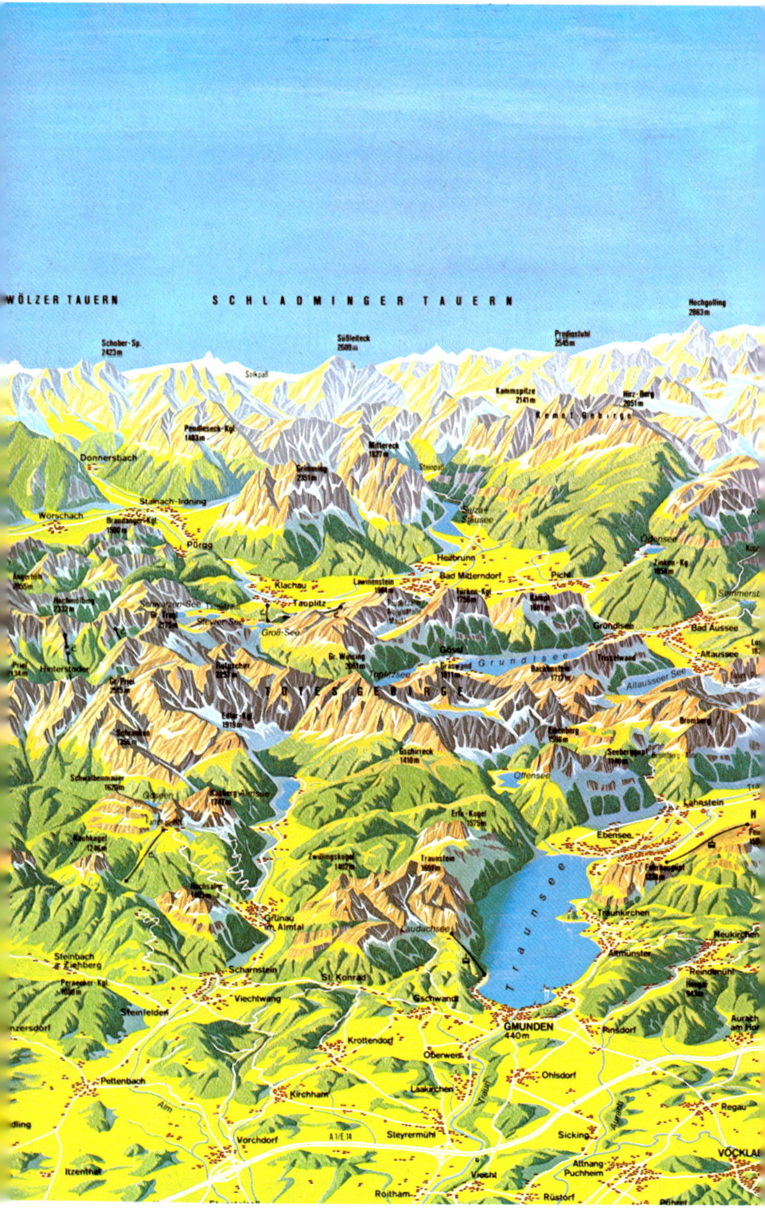

WÖLZER TAUERN
SCHLADMINGER TAUERN
Hochgolling 2863m
Schober-Sp. 2423m
Sölkpaß
Süßleiteck 2509m
Predigstuhl 2545m
Kammspitze 2141m
Hirz-Berg 2051m
Pendleseck-Kgl. 1483m
Donnersbach
Mitterreck 1827m
Grimming 2351m
Stainach-Irdning
Wörschach
Salza-Stausee
Pürgg
Heilbrunn
Bad Mitterndorf
Pichl
Zinken-Kg. 1856m
Klachau
Lawinenstein 1966m
Törl-Kgl. 1758m
Kampl 1681m
Tauplitz
Gr. Tragl 2179m
Steyrer See
Groß-See
Grundlsee
Bad Aussee
Altaussee
Gößl
Hinterstoder
Gr. Priel 2515m
Rotgschirr 2257m
Backenstein 1717m
Altausseer See
TOTES GEBIRGE
Gr. Weiszing 2061m
Elm-Kgl. 1919m
Bromberg
Schwalbenmauer 1620m
Gschirreck 1410m
Offensee
Seeberg 1149m
Almsee
Erla-Kogel 1575m
Lahnstein
Ebensee
Rauhkogel 1246m
Zwillingskogel 1402m
Traunstein 1691m
Feuerkogel 1626m
Traunsee
Grünau im Almtal
Laudachsee
Traunkirchen
Neukirchen
Steinbach a. Ziehberg
Scharnstein
St. Konrad
Altmünster
Reindlmühl
Viechtwang
Gschwandt
Steinfelden
GMUNDEN 440m
Pinsdorf
Krottendorf
Oberweis
Pettenbach
Ohlsdorf
Laakirchen
Kirchham
Regau
Vorchdorf
A 1/E 14
Steyrermühl
Sicking
Traun
Aurach
Alm
Itzenthal
Attnang-Puchheim
VÖCKLA
Viecht
Roitham
Rüstorf

DACHSTEINGRUPPE
RADSTÄDTER TAUERN
Hoher Dachstein 3004m
Koppenkarstein 2684m
Gjaidstein 2481m
Krippenstein 2109m
Hochkessel-K. 2454m
Bischofsmütze 2459m
Zehnerkarspitze
Hoher Ochsen-Kogel 2513m
Zwölfer Kogel 1982m
Steinriesen-Kgl. 2055m
Gr. Schwarz-Kogel 1850m
Plassen 1953m
Obertraun
Hallstatt
Hoher Sarstein 1975m
Hallstätter See
Gosausee
Gosaumühle
Gosau
Ramsau
Steeg
Predigstuhl 1278m
St. Agatha
Bad Goisern
Katrin 1542m
Lauffen
Wieslerhorn 1603m
Breiten Bg. 1261m
Zwölferhorn 1522m
BAD ISCHL 469m
Haiden
Aigen
Strobl
Zinkenbach
Reith
Wolfgangsee
St. Wolfgang
Schafberg 1783m
St. Gilgen
Fuschl
Weißenbach
Leonsberg 1745m
Breitenberg 1412m
Schwarzensee
Burgau
Weißenbach
Hoher Krabberg 1090m
Unterach
Hochplett-Sp. 1134m
Hobling-K. 1033m
Scharfling
Krottensee
Mondsee
Plomberg
St. Lorenz
Steinbach
Seefeld
Stockwinkel
Pichl
Kulmspitze 1098m
Gahberg
Nußdorf
Innerschwand
Mondseeberg 1029m
Mondsee
Attersee
Oberwang
Tiefgraben
Kronberg
Weyregg
Attersee
Buchberg 807m
Straß i. Attergau
Schmidberg 862m
Haspoint
Zell am Moos
Schoiber-Berg
Berg im Attergau
St. Georgen im Attergau
Rehberg 822m
Litzelberg
Kammer-Schörfling
Seewalchen
Weißkirchen i. Attergau
Jagdhub
Oberhofen
A1/E14
Steindorf
Lenzing
Schmidham
Schweigern
Timelkam
Hörgattern
Vöcklamarkt
Frankenmarkt
Fornach
Pöndorf
Ungenach
Vöckla
Neukirchen
Schneegattern

nachhaltig um die wirtschaftlichen und sozialen Belange der Bevölkerung, mit der er herzlichen Kontakt pflegte. Seine große Volkstümlichkeit verdankt er sicherlich nicht zuletzt seiner treuen Liebe zu der Postmeistertochter Anna Plochl aus Aussee, die er nach Überwindung größter Schwierigkeiten von seiten des Hofes schließlich als rechtmäßige Gemahlin heimführte. Seine Liebesromanze trug ebenso wie die Tatsache, daß die kaiserliche Familie und insbesondere Kaiser Franz Joseph I. Ischl zur Sommerresidenz wählten, zur Entwicklung des Fremdenverkehrs im Salzkammergut bei. Dichter und Maler priesen bereits in der ersten Hälfte des 19. Jahrhunderts die romantische Schönheit der Landschaft, nach ihnen entdeckten die Ärzte die Heilkraft der Quellen und der reinen Gebirgsluft. So wurde das Salzkammergut Ziel eines Stammpublikums, das sich nicht nur aus Hofkreisen, sondern auch aus dem wohlsituierten Bürgertum und der Künstlerwelt zusammensetzte. Auch nach dem Zusammenbruch der Monarchie sonnte man sich noch gerne in dem verblassenden Glanz vergangener Zeiten.
Das Wesen der Menschen und das Brauchtum wurden auch durch die besondere Berufs- und Sozialstruktur geprägt, in der Bergknappen und Salzarbeiter, Fuhrleute, Jäger und Holzarbeiter eine tragende Rolle spielen.

Fauna und Flora

Die Flora des Hochgebirges überrascht durch ihren Reichtum an Arten und stellenweise durch eine ungeahnte Üppigkeit, die in wirkungsvollem Gegensatz zu den vegetationslosen Karstflächen steht. Tiefer unten blühen Schneerosen und Schneeglöckchen, später im Jahr Alpenveilchen (Zyklamen), Türkenbund, Langstieliger Enzian und viele andere seltene Pflanzen. Ende Mai – Anfang Juni sind vor allem die feuchten Wiesen des steirischen Salzkammergutes übersät mit den leuchtenden Sternen wilder Narzissen. (Wie etwa auf der Blaa-Alm.)
Angepaßt an die Landschaft, sind besonders Rotwild, Rehe und Gemsen verbreitet. Auer- und Birkwild war nur bis zur Jahrhundertwende reich vorhanden. Im Toten Gebirge leben mehrere hundert Stück Gamswild. Große Rudel sind im Gebiet des Großen Priel zu beobachten. Am Traunstein leben noch etwa 80 Stück. Auch Bären und Wildkatzen soll es im Salzkammergut gegeben haben. 1778 wurde der letzte Braunbär im Aurachkar erlegt. Eine Chronik berichtet aus dem Jahr 1882, daß die am Adlerhorst nistenden Flußadler ausgerottet wurden; wenige Jahre später ereilte dasselbe Schicksal die Flußadler am Brandkogel. – Schöne Wildbestände kann man im Almtal – Wildpark Cumberland – und am Almsee beobachten. Gänse- und Entenarten sind an den Salzkammergutseen weit verbreitet; auffallend ist der Flug der Schwäne, die an den größeren Seen nisten. In den Bächen und Seen wartet der Angler auf Forellen, Saiblinge und Reinanken. Zur Tierwelt zählen jedoch auch die im Salzkammergut verbreiteten Zecken. Bei Wanderungen durch Laubwald macht sich eine Kopfbedeckung bezahlt! – Von Kaiser Franz Josephs Jagdleidenschaft künden heute noch die 50.556 Jagdtrophäen in der Ischler Kaiservilla.

Salzkammergut — ein Ziel zu jeder Jahreszeit

Zu welcher Jahreszeit bietet sich das Salzkammergut von seiner schönsten Seite an? Jeder Kenner dieses Urlaubs- und Erholungsgebietes wird sich schwer entscheiden können, ob er dem Frühjahr, dem Sommer, dem Herbst oder gar dem Winter den Vorzug geben möchte.
Im Frühjahr sind es die weiten Blumenteppiche, die die sanften Kuppen der Flyschberge zum Alpenvorland hin bedecken, die besonders den Fotografen und Spaziergänger beeindrucken. Wenn noch von den Berggipfeln Schneefelder leuchten, kann man entlang der Seen ausgedehnte Wanderungen unternehmen. Für den Hochtouristen und den Skiwanderer ist dies die Zeit für die Überschreitung des Höllengebirges per Ski. Auch die mehrtägige Tour durch die Hochfläche des Toten Gebirges findet so manchen begeisterten Liebhaber.
Mancher Unkenrufe zum Trotz, es gäbe im Salzkammergut viel Regen, ist gerade der Sommer die Jahreszeit für den Sportsfreund. Ab Anfang Juli besteht auf den Seen Fahrverbot für Motorboote und Segler und Windsurfer sind auf dem Gewässer daheim. Sommerfeste mit Feuerwerk und Darbietungen von Wasserskiläufern gehören zum Freizeitangebot wie die Besuche der rauschenden Klammen oder der Wildparks. Anziehungspunkte besonderer Art sind die Kurkonzerte in Bad Ischl, die Blumenkorsos und Narzissenfeste im Ausseer Land im Frühsommer oder die Rundfahrten mit den Passagierschiffen auf den Salzkammergutseen.
Wenn der Herbst ins Land zieht, sind die an Fernsicht reichen Gipfel stark besucht. Schafberg, Katrin, Feuerkogel, Loser, Dachstein oder Traunstein wetteifern um die Gunst der Bergsteiger. — Wie wäre es mit einem Besuch der Mammuthöhle oder der Rieseneishöhle am Dachstein? Die bunten Laubwälder im Ausseer Land kann man am besten bei der Wanderung rund um den Altausseer See bewundern. Wer Stille und Erholung liebt, wird auf der Tauplitz einige Tage verbringen.
Für den Wintersport ist das Salzkammergut bestens gerüstet. Auf der Postalm bei Strobl kann man schon Anfang Dezember Pulverschneefreuden genießen. Bei genügender Schneehöhe sind die rassigen Abfahrten vom Feuerkogel, vom Zwölferhorn oder Krippenstein empfehlenswert. Der Kenner wird dem Wintersport in Grünau huldigen. Schneesicher sind die Pisten am Dachstein, die man von der Ramsau mit der Seilbahn erreichen kann.
Auf diese Weise wird sowohl dem sportlichen Gast als auch dem Entspannung und Ruhe suchenden Urlauber ein breites Spektrum geboten. Nicht zu vergessen sind die zahlreichen Kulturstätten, die während des ganzen Jahres bewundert werden können. Für historisch Interessierte werden die Funde aus der Hallstattzeit in Hallstatt vielerlei Aufschlüsse über die Geschichte des Salzes geben. Neben diesen Möglichkeiten der Urlaubsgestaltung kommt auch dem leiblichen Wohl die gute österreichische Küche entgegen. Nicht nur im »Weißen Rößl am Wolfgangsee« zählen verschieden zubereitete Fischgerichte zu den schmackhaften Spezialitäten.

Allgemeine Tips für Wanderungen und Bergtouren

Es ist sicherlich nicht Aufgabe eines Wanderbuches, einen vollständigen Katalog der **Bergausrüstung** aufzustellen, denn jeder einzelne wird aus Erfahrung wissen, wieviele Pullover er als Kälteschutz benötigt oder wieviel Gepäck er in seinem Rucksack unterzubringen versteht. Die Beschaffenheit der Nördlichen Kalkalpen und des Dachsteins bringt es mit sich, daß die Routen, die oftmals durch steiles Felsgelände gehen, vernünftiges Schuhwerk erfordern. Halbschuhe, Sandalen oder zu leichte Wanderschuhe geben im Fels oder auf feuchten Wiesen keinen Halt und gefährden zusätzlich unsere Begleiter. In extremen Fällen, etwa im Frühjahr bei Firn, beim Queren von Altschneerinnen oder bei steilen Wiesen, leistet ein **Pickel** unschätzbare Dienste, genauso wie ein kurzes Bergseil, das dem Bergunerfahrenen und Kindern, richtig gehandhabt, neben psychologischer auch tatsächliche Hilfe bietet. Ein guter Anorak oder ein Schirm sind bei einem Regenguß sicherlich wertvoll. Die **Wanderapotheke** wird hoffentlich ungebraucht im Rucksack bleiben, doch bei Abschürfungen ist eine desinfizierende Salbe und ein Hansaplast gewiß willkommen, wie auch ein paar Sicherheitsnadeln, falls der Hosenstoff beim Abstieg leiden sollte. Gegen die starke Sonnenstrahlung und die mancherorts verbreiteten Zecken schützt am besten eine Kopfbedeckung. Sonnenbrille, Sonnenschutzmittel und Getränke nicht vergessen!
Bei Unfällen ist die nächste Bergrettungsstelle zu verständigen. Ist direkte Hilfeanforderung unmöglich, kann durch das **alpine Notsignal** Hilfe herbeigeholt werden. **Hilfeanforderung:** 6 Signale pro Minute in Abständen von je 10 Sekunden, eine Minute Pause, wieder 6 Signale usw. **Antwort:** 3 Signale in einer Minute in Abständen von je 20 Sekunden, eine Minute Pause, dann wieder 3 Signale usw.
Die **Schwierigkeitseinteilung** leicht – mittel – schwer richtet sich **nicht** nach der Münchner Skala (von leicht bis äußerst schwierig), sondern wurde unter dem Gesichtspunkt der für einen durchschnittlichen Wanderer zu überwindenden Höhenmeter, der Schwierigkeit des Weges und der Einkehr- und Rastpunkte ausgewählt.
Die Schwierigkeit und der angegebene Zeitaufwand stellen unverbindliche Empfehlungen dar – sie können je nach Witterungseinflüssen und Geländeverhältnissen von den angegebenen Werten mehr oder weniger abweichen.

Kennzeichnung der Schwierigkeiten:

- ● leichte Wanderung, auch für Kinder
- ● mittelschwere Wanderung
- ● schwere Wanderung, nur für schwindelfreie Geübte!

Zeichenerklärung zu den Tourenprofilen:

- Gasthaus, Unterkunftshaus
- Aussichtspunkt, Rundblick
- unbewirtschaftete Hütte, Unterstandsmöglichkeit
- Sessellift

Westliches
Salzkammergut

Westliches Salzkammergut

● Fremdenverkehrsverband, Verkehrsverein — Straße — Eisenbahn
Landesgrenze — Bezirksgrenze — ④ Lage der beschriebenen Wanderwege

Im westlichen Teil des Salzkammergutes werden 19 Wanderungen um den Zeller- oder Irrsee, Fuschlsee, Wolfgangsee, Mondsee und Attersee vorgestellt. Die politische Zugehörigkeit verteilt sich auf den oberösterreichischen Bezirk Vöcklabruck und den Bezirk Salzburg-Umgebung, zu dem noch das südliche Ufer des Attersees gehört.

Der Attersee ist mit 46,7 Quadratkilometern Fläche und 171 Metern Tiefe der größte unter den Salzkammergutseen. Etwa ein Drittel so groß (14,2 Quadratkilometer) ist der Mondsee, dessen größte Tiefe mit nur 68 Metern ausgelotet wurde. Der Attersee hatte in den 1970er Jahren

wie so mancher andere See Probleme mit der Wasserverunreinigung. Unter großem finanziellen Aufwand wurden 25 Kilometer lange Kanalleitungen entlang des Sees verlegt, die die Abwässer nach Lenzing zur Kläranlage befördern. Durch diese dringend notwendige Maßnahme konnte die Wasserqualität bedeutend verbessert werden. Durch die zunehmende Verbauung der Uferflächen entstanden jedoch weitere Probleme: Für die auswärts wohnende Bevölkerung wurden die Freibadeplätze immer rarer und an den Wochenenden tummelten sich auf wenigen Quadratmetern oft dutzende Sonnenhungrige und Badefreudige. Aus diesem Grund beschloß die Oberösterreichische Landesregierung im Salzkammergut etwa 834.000 Quadratmeter Seegrundflächen anzukaufen, sodaß allein am Attersee rund 90.000 Quadratmeter öffentlich zugänglich sind. — Als besondere Sehenswürdigkeit am Südufer des Attersees sei auf die romantische Burggrabenklamm verwiesen (siehe Wanderung Nr. 12).
Der Wolfgangsee (13,2 Quadratkilometer, 114 Meter Tiefe) wird durch den gewaltigen Schwemmkegel des Zinkenbaches, der in der Osterhorngruppe entspringt, in zwei Abschnitte geteilt. Alljährlich wird im Herbst der Wettlauf »Rund um den Wolfgangsee« veranstaltet. 1982 wurde auch die landschaftlich besonders eindrucksvolle Verbindungsroute entlang des Seeufers vom Bürgl nach Strobl seiner Bestimmung übergeben. Aber St. Wolfgang kann noch auf eine weitere Besonderheit verweisen: Im Jahre 1892 begann man mit dem Bau der Zahnradbahn auf den Schafberg, diese charakteristische Felsgestalt, die im weiten Umkreis durch ihre senkrecht nach Norden abbrechende Felswand auf sich aufmerksam macht. Auf einer Länge von 5.850 Meter werden 1.188 Meter Höhenunterschied von zwei Diesel- und sechs Dampflokomotiven bewältigt. Noch älter als die Schafbergbahn ist die am 20. Mai 1873 eröffnete Schiffahrtslinie, die sich auch heute noch beim Urlaubsgast größter Beliebtheit erfreut.

Ortsbeschreibungen:

ATTERSEE

Gemeinde, Bezirk Vöcklabruck, Seehöhe: 494 m, Einwohnerzahl: 1.450, Postleitzahl: A-4864. **Auskunft:** Fremdenverkehrsamt Attersee, Tel. 07666/219 und 419. **Bahnstation:** Attersee; Busverbindungen mit Nußdorf, Mondsee, Salzburg, Seewalchen, Vöcklabruck, Attnang-Puchheim, St. Georgen und Frankenmarkt.

Als Wahrzeichen grüßt die Pfarrkirche von Attersee mit ihrem stattlichen Barockturm von einer kleinen Anhöhe weit hinaus über Land und See. Der Kern der Siedlung zieht sich vom Kirchhügel bis unmittelbar an den See, an dessen Ufern Pfahlbauer schon Ende der Jungsteinzeit große Dörfer errichteten. Am »Schloßbergplateau« im Bereich des Buchberges sind Reste einer illyrisch-keltischen Wallanlage nachweisbar. In der Karolingerzeit bildete die kaiserliche Pfalz mit der Burg »Atarhof« (nach dem Bayern Atar benannt) auf dem Ortshügel den Mittelpunkt des Attergaues. Die Gemeinde mit ihren locker verstreuten

Ortschaften ist mit Fremdenverkehrseinrichtungen für jeden Geschmack bestens ausgestattet und erfreut sich durch die günstigen Badegelegenheiten sowie als Sitz des Union-Yachtclubs bei Wassersportlern besonderer Beliebtheit.

Sehenswert

Pfarrkirche, hervorgegangen aus der ehemaligen Burgkapelle, ursprünglich gotisch, jedoch 1712–1728 von Pawanger vollständig umgebaut. Gnadenbild (in Rokokorahmen), Heiligenstatuen und Hochrelief der Hl. Drei Könige, spätgotisch. Hochaltarentwurf, Statuen der hl. Elisabeth und hl. Anna und Kanzel von J. M. Götz aus Passau, 1. Hälfte d. 18. Jh.s; Kleinstatuen von Meinrad Guggenbichler, um 1700, spätgotisches Gnadenbild. – **Evangelische Pfarrkirche** im Unterdorf mit spätgotischem Chor, Einrichtung neugotisch. – **Pfarrkirche in Abtsdorf** (ehemalige Sommerresidenz der Mondseer Äbte), spätgotisch mit eigenartigem Netzrippengewölbe. Wertvolle barocke Ausstattung von Meinrad Guggenbichler aus Mondsee, um 1700.

AURACH am Hongar

Gemeinde, Bezirk Vöcklabruck, Seehöhe: 490 m, Einwohnerzahl: 1.350, Postleitzahl: A-4861. **Auskunft:** Gemeindeamt Aurach am Hongar, Tel. 07662/8642. **Bahnstation:** Attnang-Puchheim (12 km) oder Vöcklabruck (10 km); Busverbindung mit Vöcklabruck.

Aurach bietet seinen Gästen alle Vorteile eines Fremdenverkehrsortes, verbunden mit einer günstigen Mittellage in der freundlichen Landschaft des Alpenvorlandes zwischen Atter- und Traunsee.

BERG im Attergau

Gemeinde, Bezirk Vöcklabruck, Seehöhe: 648 m, Einwohnerzahl: 1.100, Postleitzahl: A-4880. **Auskunft:** Gemeindeamt Berg im Attergau, Tel. 07667/445. **Bahnstation:** St. Georgen im Attergau (3 km).

Sehenswert

Barocke **Filialkirche** aus dem 18. Jahrhundert.

FUSCHL am See

Gemeinde, Bezirk Salzburg-Umgebung, Seehöhe: 665 m, Einwohnerzahl: 1.150, Postleitzahl: A-5330. **Auskunft:** Verkehrsverein Fuschl am See, Tel. 06226/288. **Bahnstation:** Salzburg (25 km); Busverbindung mit Salzburg und Bad Ischl.

Am Ostufer des Fuschlsees liegt die altbekannte Sommerfrische Fuschl mit ihren beliebten Ausflugszielen Schober, Eibensee und Tiefbrunnau.

Sehenswert

Pfarrkirche von 1804. – **Ruine Wartenfels** (13. Jh.). – **Wildpark Jagdhof Schloß Fuschl** mit **Jagdmuseum.**

INNERSCHWAND

Gemeinde, Bezirk Vöcklabruck, Seehöhe: 500 m, Einwohnerzahl: 850, Postleitzahl: A-5311. **Auskunft:** Fremdenverkehrsinformation Innerschwand, Tel. 06232/2816. **Bahnstation:** Salzburg (30 km); Busverbindungen mit Oberwang, St. Georgen, Mondsee, Unterach.

Wie schon der Name besagt (schwand – Rodung) bildet die kleine Gemeinde eine Rodungsinsel. Sie greift mit ihren Weilern und Höfen einerseits tief in das kuppige Waldland hinein, reicht andererseits aber bis an das Seeufer, das gerade an der Halbinsel von Pichl besonders reizvoll ist.

Blick auf den Mondsee

MONDSEE

Marktgemeinde, Bezirk Vöcklabruck, Seehöhe: 493 m, Einwohnerzahl: 2.550, Postleitzahl: A-5310. **Auskunft:** Fremdenverkehrsamt Mondsee, Tel. 06232/4470. **Bahnstation:** Oberhofen (14 km), Straßwalchen (19 km), Frankenmarkt (23 km), Salzburg (27 km); Busverbindungen mit St. Georgen, Attersee, Vöcklamarkt, Unterach, Vöcklabruck, Zell am Moos, Oberhofen, Straßwalchen und St. Gilgen.

Mondsee ist der Hauptort des gleichnamigen Sees, der im Süden von schroffen Felsabstürzen, im Norden und Westen dagegen von bewaldeten Kuppen und schilfumsäumten Ebenen umrahmt wird. Das besonders milde, nebelarme Klima, die fruchtbaren Böden und die günstige Verkehrslage lockten schon die Träger der Mondseer Kultur, die Kelten und Römer zur Niederlassung und führten nach der bajuwarischen Landnahme im Jahre 748 zur ersten Klostergründung auf oberösterreichischem Boden. Das reiche Benediktinerstift entwickelte sich zu einem religiösen und kulturellen Zentrum, wovon die großartige Stiftskirche und die reichen Kunstschätze seines Einflußbereiches noch heute lebendiges Zeugnis abiegen. So verleihen Natur und Kultur dem stattlichen Markt mit unmittelbarem Anschluß an die Autobahn eine starke Anziehungskraft und laden gleichermaßen zu kurzem Besuch wie zu längerem Verweilen ein.

Sehenswert

Großartige ehemalige **Stifts-,** heute **Pfarrkirche,** 1470–1497 erbaut, im Barock teilweise verändert, Fassade nach 1730 (Entwurf von Josef Mungenast??). Fresken, spätgotisch, bei Restaurierung 1953 freigelegt. Herrliches Sakristeitor in der nördlichen Chorwand, 1487. Hochaltar mit Krönung Marias von H. Waldburger, 1626. Prachtvolle Seitenaltäre, Kanzel und Beichtstühle von dem heimischen Meister Meinrad Guggenbichler und seiner Werkstatt, um 1680. Im südlichen Seitenschiff drei Altäre von Franz A. Koch, 1742, mit Bildern von Jakob Zanusi, von dem auch die Kreuzwegbilder stammen. – In der barocken **Hilfbergkapelle** Hochaltar von Meinrad Guggenbichler. – Im ehemaligen **Stiftsgebäude** Kreuzgang (beschädigt) und Kapitelsaal, 15. Jh. – **Heimatmuseum** und Freilichtmuseum (auf dem Hilfberg, altes Rauchhaus). – **Marktplatz** mit schönen Fassaden vom 16.–18. Jh. – Naturgeschützte **Lindenallee** zum See.

NUSSDORF am Attersee

Gemeinde, Bezirk Vöcklabruck, Seehöhe: 497 m, Einwohnerzahl: 1.050, Postleitzahl: A-4865. **Auskunft:** Fremdenverkehrsverband Nußdorf am Attersee, Tel. 07666/8064. **Bahnstation:** Attersee (4 km); Busverbindungen mit Unterach, Attersee und Attnang-Puchheim, Schiffsanlegestelle.

Sehenswert

Spätgotische **Pfarrkirche,** im 19. Jh. erweitert und neu ausgestattet, mit gotischem Taufbecken.

OBERWANG

Gemeinde, Bezirk Vöcklabruck, Seehöhe: 573 m, Einwohnerzahl: 1.450, Postleitzahl: A-4882. **Auskunft:** Gemeindeamt Oberwang, Tel. 06233/217. **Bahnstation:** St. Georgen im Attergau; Busverbindungen mit St. Georgen, Attersee und Mondsee.

Gute Aufnahme und erholsame Spaziergänge auf schönen Wanderwegen durch wiesenreiches Bauernland und Wälder bilden wohl die Hauptattraktion von Oberwang. Dazu ist es nicht allzu weit zum Mond- oder Attersee, an denen man auch Anschluß an die beliebten Ausflugsrouten des Salzkammergutes findet.

Sehenswert

Spätgotische Pfarrkirche, barockisiert. Hochaltar mit Gruppe »Ermordung des hl. Kilian« von Meinrad Guggenbichler, 1708. Seitenaltäre und Kanzel sind ebenfalls aus dessen Werkstatt. – **Spätgotische Kirche St. Konrad,** 1450. Innenausstattung barock, moderne Glasfenster. – **Konradsbrunnen,** Ermordungsstätte des Mondseer Abtes Chunrad

Bossinlother, 1145. – Geburtshaus des »Fidelen Bauern« (nach dem die Operette benannt wurde) mit Hausmuseum. Gasthaus »Zum Grünen Baum« mit »Fideler-Bauer-Stüberl«.

SCHÖRFLING

Marktgemeinde, Bezirk Vöcklabruck, Seehöhe: 512 m, Einwohnerzahl: 3.100, Postleitzahl: A-4861. **Auskunft:** Gemeindeamt Schörfling, Tel. 07662/3255-0. **Bahnstation:** Kammer-Schörfling; Busverbindungen mit Vöcklabruck, Attnang-Puchheim, Weyregg, Mondsee, Salzburg, Anlegestelle der Attersee-Schiffahrt.

Der alte Markt liegt auf dem Erdmoränenwall, der das Nordende des Attersees umschließt. An der landschaftsbeherrschenden und verkehrsgünstigen Stelle, an der die Ager den Wall durchbricht, errichteten schon die Pfahlbauer ihre Dörfer, die Römer ihre vornehmen Villen und die Mönche von St. Gallen bereits im 8. Jh. ein Gotteshaus. Maximilian I. verlieh dem blühenden Ort das Marktrecht. Die Gemeinde bietet gediegene Gastlichkeit in gut ausgestatteten Häusern, wobei der Gast zwischen drei Landschaftsstufen wählen kann: Dem Uferland mit Schloß Kammer, an dessen wohlgepflegte Parkanlagen Seepromenade, Hafen und Badestrand anschließen; dem stillen, in das waldreiche Hügelland eingebettete Erholungsgebiet um Oberhehenfeld; oder dem welligen Moränengelände über See und Fluß mit seinem weiten Horizont.

Sehenswert

Spätgotische Hallenkirche, 1476 erbaut von Stefan Wultinger, mit schönem Netzrippengewölbe. Steinstatue St. Nikolaus und Büsten St. Petrus und St. Gallus am ersten Schiffpfeiler, 15. Jh. Spätgotische Mariendarstellung am linken Seitenaltar, 1520. Hochaltar, Seitenaltäre und Kanzel, 18. Jh. – **Seeschloß Kammer,** originelle Gesamtanlage aus dem 13. Jh., in der Barockzeit umgewandelt und erweitert. Kapitel- und Festsaal mit schönen Stuckarbeiten.

SEEWALCHEN am Attersee

Marktgemeinde, Bezirk Vöcklabruck, Seehöhe: 490 m, Einwohnerzahl: 4.000, Postleitzahl: A-4863. **Auskunft:** Fremdenverkehrskommission Seewalchen, Tel. 07662/2386. **Bahnstation:** Kammer-Schörfling; Busverbindungen mit Unterach, Mondsee, Salzburg, Vöcklabruck, Attnang-Puchheim, Kammer, Weißenbach, Anlegestelle der Attersee-Schiffahrt.

Der auf uraltem Siedlungsboden (Pfahlbauten) liegende Ort dürfte auch während der Völkerwanderungszeit kontinuierlich besiedelt geblieben sein, denn die Bayern dürften hier eine romanisierte Bevölkerung vorgefunden haben, wie wir aus dem Ortsnamen schließen können (walchen – Welsche). Die Siedlung steigt vom Seeufer leicht gegen den Endmoränenzug an, der das Nordende des Attersees in weitem Bogen umschließt. Man genießt von hier einen herrlichen Blick über den ganzen See hinweg auf die Alpen. Seewalchen bietet mit den am Ufer liegenden Ortschaften Moos, Litzlberg und Buchberg besonders den Wasserratten angenehme Erholung.

Sehenswert

Spätgotische Pfarrkirche, barockisiert. Im Chorgewölbe vegetabile Fresken, 1481. Am neugotischen Hochaltar drei spätgotische Holzfiguren, 1470–1480. Im Chor spätgotisches Kruzifix, 1510–1520. – Man versäume nicht, einen Ausflug nach **Gampern** (ca. 4 km nordwestlich von Seewalchen) zu machen. In der Remigiuskirche steht einer der schönsten spätgotischen Flügelaltäre.

STEINBACH am Attersee

Gemeinde, Bezirk Vöcklabruck, Seehöhe: 510 m, Einwohnerzahl: 1.700, Postleitzahl: A-4853. **Auskunft:** Fremdenverkehrsamt Steinbach, Tel. 07663/401. **Bahnstation:** Kammer-Schörfling (15 km); Busverbindungen mit Unterach, Mondsee, Salzburg, Kammer, Vöcklabruck, Attnang-Puchheim, Gmunden, Anlegestelle der Attersee-Schiffahrt.

Wo der Attersee die ernsten Felskulissen im Süden gegen die des sanften Hügellandes im Norden austauscht, liegt an seinem Ostufer Steinbach, dessen Gemeindegebiet sich von Weißenbach bis Seefeld erstreckt. Die glückliche Symbiose, zu der sich hier die einsame Welt des Höllengebirges mit den bewaldeten Hügeln und dem lieblichen Bauernland zu dessen Füßen, das der See an meist flachen Ufern bespült, vereint, regt auch den Gast dieser stillen Erholungslandschaft zu einer vielseitigen und doch harmonischen Gestaltung seines Aufenthaltes an.

Sehenswert

Haus des Komponisten Gustav Mahler. – Spätgotische Pfarrkirche.

ST. GEORGEN im Attergau

Marktgemeinde, Bezirk Vöcklabruck, Seehöhe: 539 m, Einwohnerzahl: 4.400, Postleitzahl: A-4880. **Auskunft:** Fremdenverkehrsverband St. Georgen, Tel. 07667/386. **Bahnstation:** St. Georgen im Attergau; Busverbindungen mit Attersee, Frankenmarkt, Vöcklamarkt, Mondsee.

St. Georgen, das schon in der Ur- und Römerzeit (röm. Flureinteilung) besiedelt war, besitzt seit ältester Zeit zentrale Bedeutung und wurde bereits 1464 zum Markt erhoben. Nachdem Kaiser Heinrich II. 1007 einen Großteil des Gaues dem Bistum Bamberg geschenkt hatte, verlegte er seine Pfalz von Attersee nach St. Georgen. Aus ihr entwickelte sich die Herrschaft Kogl, mit deren Geschick der Ort bis in das 19. Jh. verbunden blieb. In der jüngsten Zeit wurde seine Verkehrssituation durch den direkten Anschluß an die Autobahn noch verbessert. Trotzdem ist die Gemeinde mit ihren behäbigen, teils barocken Häusern und den modernen Ansprüchen voll angepaßten Gasthöfen den echten Sommerfrischorten zuzurechnen.

Sehenswert

Spätgotische Pfarrkirche, erbaut unter Mitwirkung von Stefan Wultinger. Schöner Hochaltar von Franz J. Holzinger, 1756. Altarbild von Bartholomäus Altomonte, 1753. – **1000jährige Gerichtslinde,** 9,30 m Umfang. – **Schloß Kogl,** Anfang 19. Jh. In der Eingangshalle Fresken über Themen aus Raimunds Werken von Prof. Josef Engelhart, einem Mitbegründer der Wiener Sezession, 1913. – In der **Kalvarienbergkirche** barocker Hochaltar mit guten Bischofsstatuen, Anfang 18. Jh.

ST. GILGEN

Gemeinde, Bezirk Salzburg-Umgebung, Seehöhe: 546 m, Einwohnerzahl: 3.300, Postleitzahl: A-5340. **Auskunft:** Verkehrsverein St. Gilgen, Tel. 06227/348 und 7267. **Bahnstation:** Salzburg (30 km); Busverbindungen mit Salzburg, Bad Ischl, St. Wolfgang, Unterach, Anlegestelle der Wolfgangsee-Längenschiffahrt.
Bergbahnen: Zwölferhornseilbahn und Zwölferhorn-Sessellift.

Wenn an heißen Hochsommertagen die Festspielstadt Salzburg unter dem Ansturm ihrer Gäste zu bersten droht, dann werden die Badeorte in ihrer Umgebung zu Vororten der Landeshauptstadt. Auch in St. Gilgen kann man dann viel Prominenz aus der Welt der Kunst begegnen. Doch dieser alte Fremdenverkehrsort ist auch für einen längeren, unbeschwerten Ferienaufenthalt für jedermann wie geschaffen, und wer möchte nicht etwas von der heiteren Atmosphäre in sich aufnehmen, die durch Mozart, dessen Mutter hier geboren ist, Musik wurde.

Sehenswert

Kath. Pfarrkirche, umgestaltet Mitte 18. Jh., Altarbilder von Peter A. Lorenzoni, 1768. – Fresken am **Hotel Post,** 18. Jh. – **Mozartbrunnen,** Leuchtbrunnen an der Seepromenade. – Geburtshaus der Mutter Mozarts. – Internationale Jagdtrophäensammlung im Rathaus. – Heimatmuseum.

ST. LORENZ

Gemeinde, Bezirk Vöcklabruck, Seehöhe: 486 m, Einwohnerzahl: 1.700, Postleitzahl: A-5310. **Auskunft:** Gemeindeamt St. Lorenz, Tel. 06232/2265-0. **Bahnstation:** Salzburg (28 km); Busverbindungen mit St. Gilgen, keine Linienschiffahrt am Mondsee, nur Rundfahrt.

Sehenswert

Barocke Filialkirche, Hoch- und Seitenaltäre aus Marmor von Georg Doppler aus Salzburg, 1730. Im Chor Schmerzensmann und schmerzhafte Maria von M. Guggenbichler, Anfang 18. Jh. Aus dessen Werkstatt auch die kleine, reizvolle Orgel, 1697.

STRASS im Attergau

Gemeinde, Bezirk Vöcklabruck, Seehöhe: 579 m, Einwohnerzahl: 1.500, Postleitzahl: A-4881. **Auskunft:** Fremdenverkehrsverband Straß im Attergau, Tel. 07667/7112. **Bahnstation:** St. Georgen im Attergau (4 km); Busverbindungen mit St. Georgen und Mondsee.

STROBL

Gemeinde, Bezirk Salzburg-Umgebung, Seehöhe: 544 m, Einwohnerzahl: 3.000, Postleitzahl: A-5350. **Auskunft:** Fremdenverkehrsverein Strobl, Tel. 06137/255 und 348. **Bahnstation:** Salzburg (45 km), Bad Ischl (12 km); Busverbindungen mit St. Gilgen, Bad Ischl, St. Wolfgang, Anlegestelle der Wolfgangsee-Längenschiffahrt.

Sehenswert

Pfarrkirche, 1761, mit einem Bild am rechten Seitenaltar von Peter Anton Lorenzoni, 1760. – **Weißenbachtal** mit Klamm. – **Postalm,** zweitgrößtes Almgebiet, Mitteleuropas – Wandergebiet. – **Wildpark.** – **Aberseer Heimatmuseum.**

ST. WOLFGANG

Marktgemeinde, Bezirk Gmunden, Seehöhe: 549 m, Einwohnerzahl: 2.700, Postleitzahl: A-5360. **Auskunft:** Kurdirektion St. Wolfgang, Tel. 06138/2239-0 und Fremdenverkehrsverein St. Wolfgang, Tel.06138/2239-0. **Bahnstation:** Salzburg (50 km), Bad Ischl (15 km), Busverbindungen mit St. Gilgen, Salzburg, Strobl, Bad Ischl. Anlegestelle der Wolfgangsee-Längen- und Querschiffahrt.
Bergbahn: Schafbergbahn (Zahnradbahn).

Die Wallfahrtskirche mit ihren einzigartigen Kunstschätzen, der bereits 1893 durch eine Zahnradbahn erschlossene Schafberg (der »Rigi von Österreich«) und das »Weiße Rössl« am Wolfgangsee bilden die Pole, die Jahr für Jahr ein recht bunt gemischtes, internationales Reisepublikum anziehen. Der ganze Markt dient dem lebhaften Treiben während der Sommermonate als geradezu ideale Kulisse. Der Ort, an dem nach der Legende Bischof Wolfgang von Regensburg bereits Ende des 10. Jh. mit eigener Hand ein kleines Kirchlein erbaut haben soll (urkundlich belegt erst 1180), erfreute sich bereits im Mittelalter als Wallfahrtsort großer Beliebtheit.

Sehenswert

Wallfahrtskirche, heute Pfarrkirche. Glückliche Vereinigung verschiedener Stilelemente aus dem 14 Jh. (am Turm und an den Portalen), größtenteils aus dem 15. Jh. und aus dem 17./18. Jh. (Wolfgangkapelle, Turmhaube und Platzgestaltung). Ungemein wertvolle, prächtige Ausstattung. Der schönste spätgotische Flügelaltar, bedeutendstes Werk des Tiroler **Meisters Michael Pacher,** unter Mithilfe seines Bruders Friedrich 1471–1481 entstanden, gehört zu den ganz großen, zeitlos gültigen Aussagen der Kunst. Der hochbarocke Doppelaltar am Mittelpfeiler ist das Hauptwerk Thomas Schwanthalers aus Ried im Innkreis, 1676. In ihm befindet sich ein Gnadenbild, eine sitzende Figur des hl. Wolfgang, um 1450. Um den Altar ein sehr schönes schmiedeeisernes Gitter. Von Schwanthalers Schüler, Meinrad Guggenbichler aus Mondsee, stammen 4 Altäre von 1706 und der sehr schöne »Ecce homo« im Nordschiff sowie die Kanzel und der Altar in der Wolfgangkapelle. – **Gotischer Pilgerbrunnen,** 1515 aus Glockenmetall unter barockem Brunnenhäuschen zwischen Kirche und ehemaligem Kloster. Im Markt Häuser mit schönen Details, 16.–18. Jh.

THALGAU

Marktgemeinde, Bezirk Salzburg-Umgebung, Seehöhe: 544 m, Einwohnerzahl: 4.600, Postleitzahl: A-5303. **Auskunft:** Fremdenverkehrsverband Thalgau, Tel. 06235/350. **Bahnstation:** Salzburg (20 km); Busverbindungen mit Salzburg und Mondsee.

Thalgau liegt in einer weiten Geländemulde westlich des Mondsees. Als eine der ältesten Ansiedlungen im Land Salzburg ist Thalgau schon seit über einhundert Jahren ein beliebter Sommererholungsort.

TIEFGRABEN

Gemeinde, Bezirk Vöcklabruck, Seehöhe: 582 m, Einwohnerzahl: 2.600, Postleitzahl: A-5310. **Auskunft:** Gemeindeamt Tiefgraben, Tel. 06232/2265-0. **Bahnstation:** Straßwalchen; Busverbindungen mit Straßwalchen und Mondsee.

UNTERACH am Attersee

Gemeinde, Bezirk Vöcklabruck, Seehöhe: 468 m, Einwohnerzahl: 1.400, Postleitzahl: A-4866. **Auskunft:** Tourismusverband Unterach, Tel. 07665/8327. **Bahnstation:** Kammer-Schörfling (24 km); Busverbindungen mit See am Mondsee, St. Gilgen, Kammer, Vöcklabruck, Bad Ischl, Attersee, Anlegestelle der Attersee-Schiffahrt.

Hier offenbart sich die romantische Gebirgsnatur des südlichen Attersees. Nach Osten gleitet der Blick über die weite Bucht hinauf zu den bleichen Wänden des Höllengebirges, im Süden leiten ihn steile, felsdurchsetzte Hänge empor zu den Nordabstürzen des Schafberges und im Norden beschränken ihn die bewaldeten Flanken des Hollerberges, die den Ort gegen kalte Nordwinde so wirksam abschirmen, daß an ihrem Fuß sogar ein Edelkastanienhain gedeiht. Die schmale Senke im Westen stellt die Verbindung mit dem Mondsee und den an ihm liegenden Ortsteilen her. An beiden Enden dieser wichtigen Verkehrslinie lagen schon in der Urzeit bedeutende Pfahlbausiedlungen.

Sehenswert

Spätgotische Pfarrkirche, barockisiert. Spätgotische Sakristeitürumrahmung, Sakramentshäuschen (nördliche Seitenkapelle) und Taufbecken. — Wildromantische **Burggrabenklamm** mit Steiganlagen.

WEYREGG am Attersee

Gemeinde, Bezirk Vöcklabruck, Seehöhe: 480 m, Einwohnerzahl: 1.600, Postleitzahl: A-4852. **Auskunft:** Tourismusverband Weyregg am Attersee, Tel. 07664/236. **Bahnstation:** Kammer-Schörfling (4,5 km); Busverbindungen mit Kammer, Vöcklabruck, Attnang-Puchheim, Unterach, Mondsee, Salzburg, Anlegestelle der Attersee-Schiffahrt.

Das Dorf liegt auf dem breiten Schwemmkegel des Weyregger Baches, der sich aus dem bewaldeten Hügelland weit in den See hinaus vorschiebt. Der besonders sonnige, windgeschützte Badestrand erlaubt durch seine geringe Tiefe bei relativ hohen Wassertemperaturen auch Nichtschwimmern und Kindern fröhliches Plätschern. Weyregg ist wohl der älteste Urlaubsort am See, denn hier errichteten bereits die Römer eine Villenkolonie, deren Reste freigelegt werden konnten.

ZELL am Moos

Gemeinde, Bezirk Vöcklabruck, Seehöhe: 573 m, Einwohnerzahl: 1.150, Postleitzahl: A-4893. **Auskunft:** Gemeindeamt Zell am Moos, Tel. 06234/215. **Bahnstation:** Straßwalchen; Busverbindungen mit Straßwalchen und Mondsee.

Am Ostufer des langgestreckten, mit einem Schilfgürtel umgebenen Zeller- oder Irrsee liegt am sonnigen Hang der alte Ort Zell. In betont ländlicher Umgebung laden als Alternative verschiedene Bauern zum Urlaub am Bauernhof ein. Wanderungen im Saurüsselwald erfreuen sich reger Beliebtheit.

Wanderungen und Bergtouren im Westlichen Salzkammergut und Attergau

1 **Wanderung:** Mondsee – Kolomannsberg, 1.114 m

Ausgangspunkt: Zell am Moos/Tiefgraben
Parken: Vorderau
Höhenunterschied: 530 m
Wanderzeit: 3 Std.
Schwierigkeitsgrad: leicht!

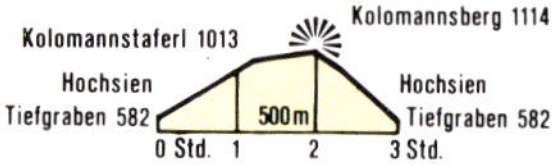

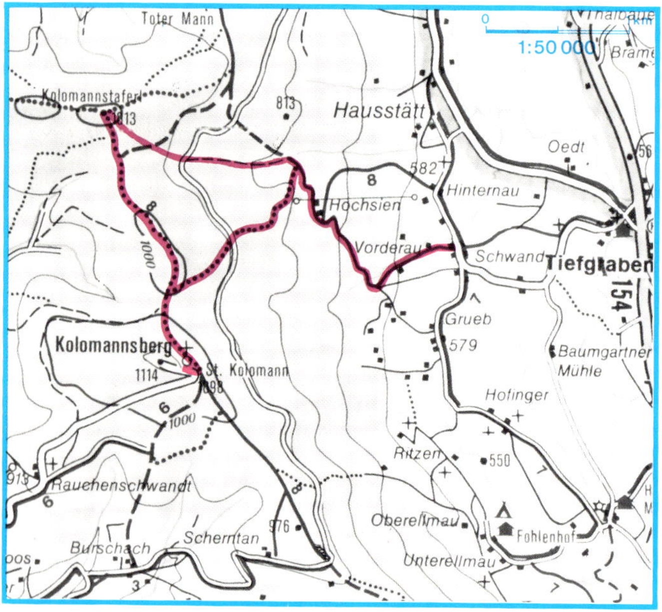

Tourenverlauf: Am südlichen Ende des Irrsees liegen die beiden Weiler Hausstätt und Vorderau. Von Vorderau wandert man westlich über die Wiesen bergan zum Waldrand, wo man gleich auf einen ansteigenden Fahrweg stößt, der nun verfolgt wird. Wo man auf die Wiesen des Schusterberges heraustritt, liegt der Hochsienhof und wenig später die Bergstation des Skilifts. Hier teilt sich der Weg. Wir benützen im Aufstieg den Pfad durch den Hausstätter Graben hinauf zum Kolomannstaferl, 1.013 m, von Vorderau 1¼ Std. Südlich liegt der Kolomannsberg mit seiner Sendestation. Um dorthin zu gelangen, verfolgen wir den Weg hinab in das Lamplmoos und über eine Kammerhebung in die Kolomannssenke und hinauf zur Kapelle St. Kolomann. – Der Abstieg führt nördlich zurück in die Kolomannssenke und kurz darauf auf einem steilen Karrenweg rechts durch den Wald abwärts auf den Schusterberg zur oben genannten Liftstation. Am bekannten Weg kehrt man nach Vorderau zurück.

2 **Wanderung:** Mondsee – Mondseeberg, 1.029 m – Kulmspitze, 1.096 m

Ausgangspunkt: Mondsee
Parken: Gasthof Hauberger
Höhenunterschied: 360 m
Wanderzeit: 3½ Std.
Schwierigkeitsgrad: leicht!
Einkehr: Gasthof Hauberger

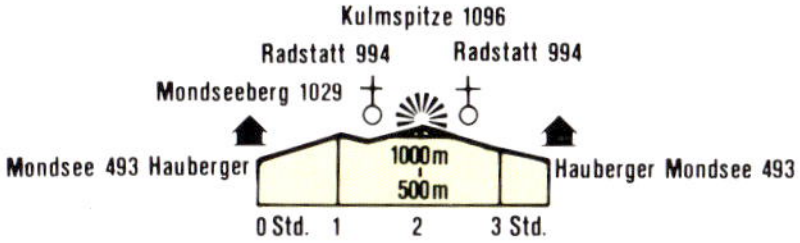

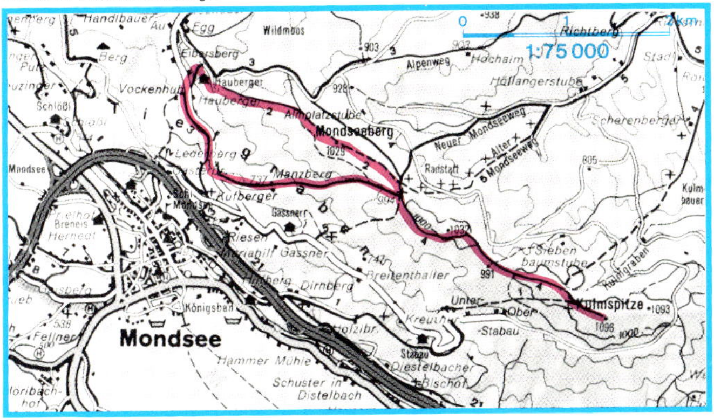

Tourenverlauf: Von der Ortsmitte erreicht man den Ausgangspunkt der Wanderung, indem man nördlich unter der Autobahn hindurch über den Kufberg und Lederberg zum Hauberger anfährt. Die Wanderung führt an der oberhalb gelegenen Kapelle vorbei in den Wald, wo man auf einen Fahrweg stößt. Bei der folgenden scharfen Linkskehre zweigt der Zustieg auf den Mondseeberg ab, ein schattiger, mit »2« markierter Pfad, auf dem man in etwa 1 Std. (ab Hauberger) den Gipfel erreicht. Am Kamm geht es weiter ostwärts zur Radstattkapelle (Weg Nr. 4). Wer nur einen kurzen Rundgang geplant hat, kann bereits von hier den über Manzberg und Lederberg führenden Steig zurück nehmen. Für den nahezu ebenen Kammwanderweg hinüber zur Kulmspitze, 1.096 m, rechnet man ¾ Std. Auch am Rückweg bieten sich immer wieder Blicke hinab zum Mondsee, auf dem sich zahllose Segelschiffe und Surfer tummeln. Von der Radstattkapelle kehrt man zum Hauberger zurück.

3 **Wanderung:** Fuschl – Filbling, 1.306 m

Ausgangspunkt: Fuschl
Parken: an der Salzkammergut-Bundesstraße
Höhenunterschied: 590 m
Wanderzeit: 4 Std.
Schwierigkeitsgrad: leicht!
Karte: siehe Seite 28

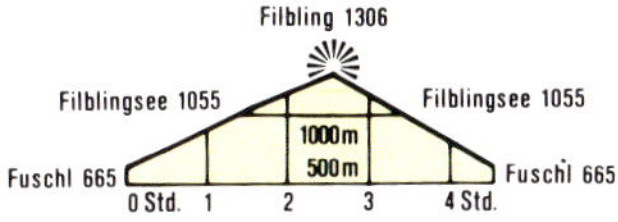

Tourenverlauf: Für alt und jung gleichermaßen lohnt sich die abwechslungsreiche Wanderung auf den Filbling, eine Route, die so richtig in der Art der Salzkammergut-Wanderungen Seen, Wälder und Bergwiesen miteinschließt. Ausgangspunkt ist Fuschl, genauer die Parkplätze oberhalb von Brunn. Nach der Brücke beginnt der mit »40«

rot markierte Weg, der steil zum Filblingsee emporzieht. Vom Ufer bestaunt man die zahlreichen blühenden Seerosen, ehe man zum Gipfelsturm antritt. Über den südlich des Sees bergan führenden felsigen Kamm erreicht man die offene Gipfelplattform, wo sich der Ausblick südlich zur Osterhorngruppe, nördlich zum Fuschlsee und südöstlich zum Gosaukamm und Dachstein weitet. Abstieg wie Aufstieg.

4 **Bergwanderung:** Fuschl – Schober, 1.329 m

Ausgangspunkt: Fuschl
Parken: im Ort
Höhenunterschied: 660 m
Wanderzeit: 3 Std.
Schwierigkeitsgrad: mittel!
Einkehr: Schlößl

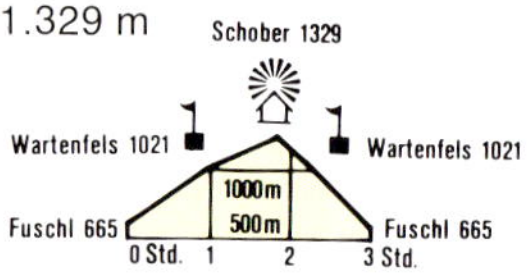

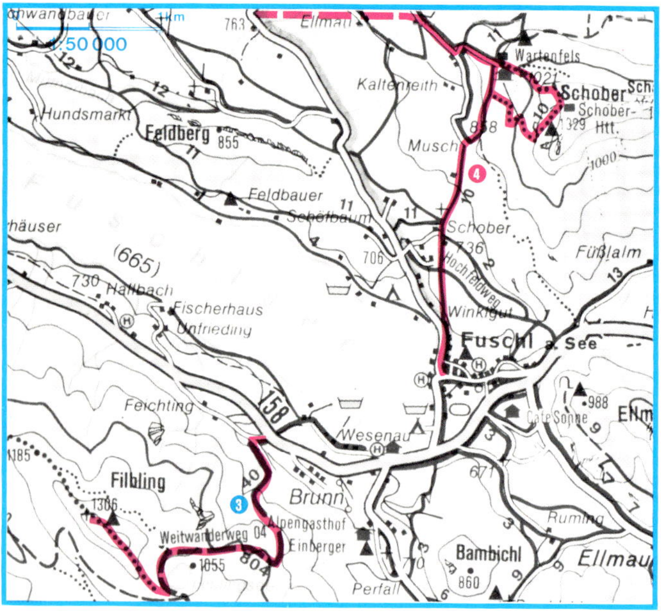

Tourenverlauf: Nördlich in Fuschl, wo die Straße das Ufer des Sees verläßt, zweigt rechter Hand der breite Weg hinauf zum Schoberbauern ab. Über Wiesen und am Wald entlang spaziert man hangaufwärts zur Ruine Wartenfels mit Gasthof (1 Std. von Fuschl). Hierher gelangt man auch von der Straße, die man in Egg verläßt und über den Wiesenrükken ansteigt. Für den steilen Gipfelanstieg, der östlich über felsdurchsetztes Gelände zur Unterstandshütte am höchsten Punkt führt, rechnet man ¾ Std. Von hier bietet sich eine ungemein lohnende Fernsicht zum Gaisberg, Salzburger Becken, Osterhorngruppe, Fuschlsee und Mondsee. Mit Kindern muß man im Gipfelbereich etwas vorsichtig sein. Über den Weg Nr. 10 tritt man wieder den Abstieg an.

5 **Bergwanderung:** Fuschl – Eibensee – Höllkar, 1.016 m

Ausgangspunkt: Fuschl
Parken: im Ort
Höhenunterschied: 350 m
Wanderzeit: 3 Std.
Schwierigkeitsgrad: leicht!
Einkehr: Böckl

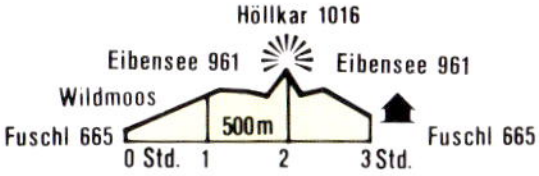

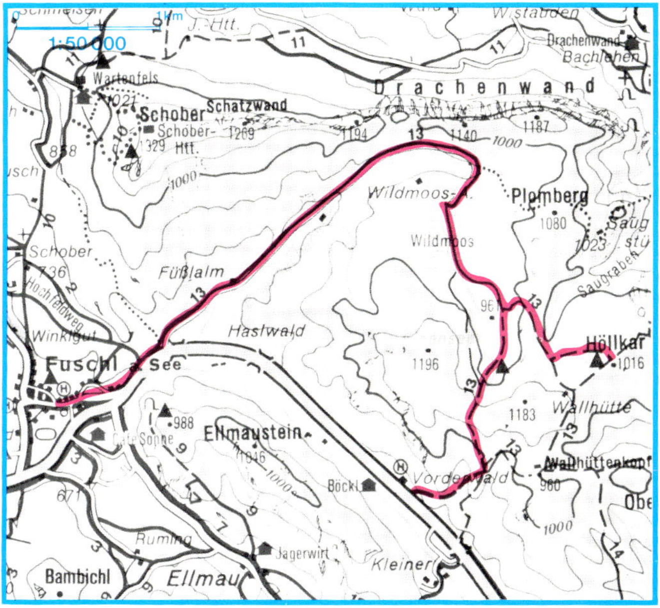

Tourenverlauf: Von der Straße nach St. Gilgen biegt man wenige hundert Meter nach dem Ortsende Fuschls links auf den Fahrweg ein, der entlang des Eibenseebachs der Markierung 13 folgt. In erholsamer Umgebung durchrauscht der Bach den Wald, bis wir nach einer weit ausholenden Rechtskehre in die Weitung des Wildmooses gelangen. Die Straße wird bald nach der Jagdhütte verlassen und wir benützen einen Karrenweg hinauf an das Ufer des idyllischen Eibensees. Beim Marterl kann man die Wanderung durch die Besteigung des Höllkars, 1.016 m, erweitern: Zunächst steigen wir nordöstlich über den Sattel in den Saugraben, aus dem ein Steig durch ein Seitentälchen auf den Gipfel führt. Zum Eibensee zurückgekehrt, wandert man entlang des Ufers weiter und legt vielleicht eine Rast ein, während der man die Wildenten und flinken Forellen beobachtet. Nach der Eibenseealm, 5 Minuten weiter, beginnt der kurze, steile Abstieg hinunter zur Straße. Vom Böcklwirt kann man entweder 2 km entlang der Straße zurück nach Fuschl gehen, oder man benützt einen der regelmäßig verkehrenden Autobusse zurück zum Ausgangspunkt.

6 **Wanderung:** St. Gilgen – Zwölferhorn, 1.522 m

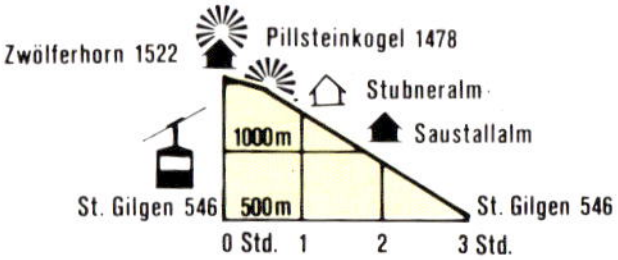

Ausgangspunkt: St. Gilgen
Parken: Talstation der Zwölferkogelbahn
Höhenunterschied: 980 m

Wanderzeit: 3 Std.
Schwierigkeitsgrad: leicht!
Einkehr: Gipfelrestaurant

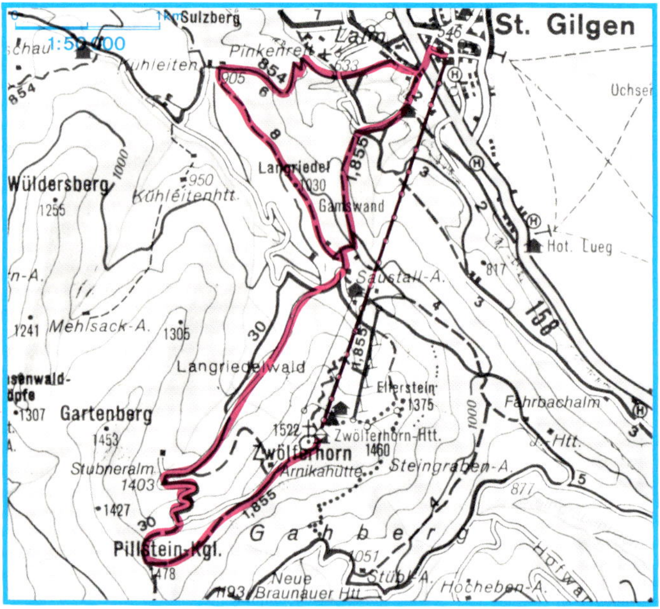

Tourenverlauf: Einfacher ist keine »Besteigung« als die Fahrt direkt von der Ortsmitte St. Gilgens hinauf auf das Zwölferhorn. Von den kleinen viersitzigen Gondeln bietet sich ein herrlicher Tiefblick auf den Ort und den Wolfgangsee. Der kurze Anstieg zum Gipfelkreuz gleicht einer Promenade, Bank reiht sich an Bank, einladend zum Schauen und Rasten. Ein beliebtes Ausflugsziel ist der südwestlich gelegene, über einen aussichtsreichen Kamm erreichbare Pillsteinkogel, 1.478 m. Nach einem kurzen Abstieg in Richtung Pillsteinalm führt rechts der mit »30« markierte Weg auf die stillen Weiden der Stubneralm. Durch den Langriedelwald wandert man bequem bergab bis zur Straße nahe der Saustallalm. Hier kann man sich entscheiden, ob man den Weg Nr. 1 (AV-Markierung Nr. 855) oder den landschaftlich schöneren Steig über den Langriedel nach Kühleiten und nach St. Gilgen antreten will. Auf jeden Fall lohnt sich das Wandern bergab am Zwölferkogel.

7 **Rundwanderung:** St. Gilgen/Gschwendt – Niedergadenalm – Bleckwand, 1.541 m

Ausgangspunkt: Gschwendt
Parken: Niedergadenalm
Höhenunterschied: 341 m
Wanderzeit: 1½ Std.
Schwierigkeitsgrad: leicht!
Einkehr: Bleckwandhütte, Niedergadenalm, Schartenalm

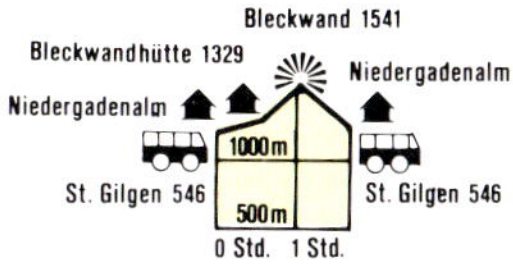

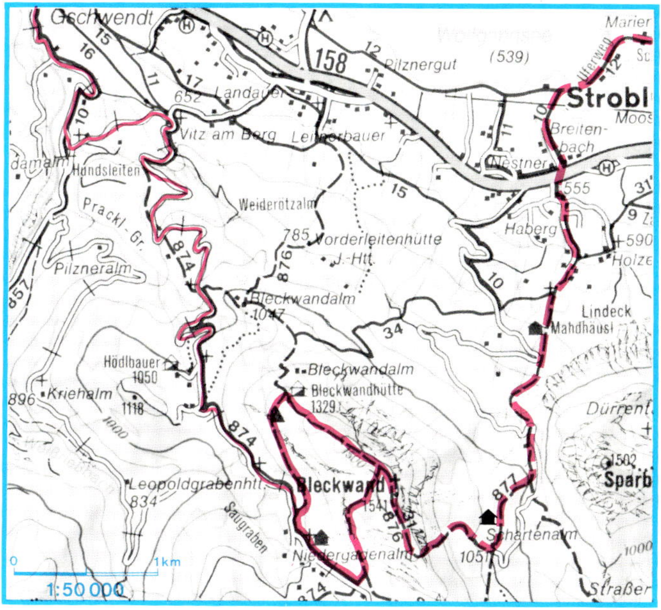

Tourenverlauf: Als relativ ruhiges, nur an Wochenenden rege besuchtes Wanderziel ist die Bleckwandhütte auch leicht von St. Gilgen erreichbar. Der zweistündige Anmarsch zur Bleckwandhütte schwindet auf ½ Std., wenn man über die Mautstraße von Gschwendt bis zur Niedergadenalm anfährt. Hier befindet man sich bereits in 1.200 Meter Höhe, umgeben von Almwiesen. Für den Aufstieg nehmen wir den Weg durch den Buchenwald zur Bleckwandhütte der Naturfreunde Strobl, 1.329 m (½ Std.) und den mit 876, 31 markierten Weg über den Nordwestkamm zum Gipfelkreuz. Rund um den Wolfgangsee gruppieren sich die Gipfel und im Norden ist ein Stück des Attersees erkennbar. Im Osten ist die Berggestalt des Sparber mit seinem gespaltenen Gipfel und der steilen Südwand interessant. 5 Minuten unterhalb des Gipfels zweigt ein Steig nach Süden ab, auf dem wir zum Parkplatz der Niedergadenalm gelangen. Als Abstiegsvariante bietet sich der Steig über die Schartenalm und Mahdhäusl nach Strobl an (AV-Markierung 877, 2½ Std.).

❽ **Almwanderung:** Strobl – Welser Hütte, 1.250 m (Postalm) – Braunedelkogel, 1.894 m

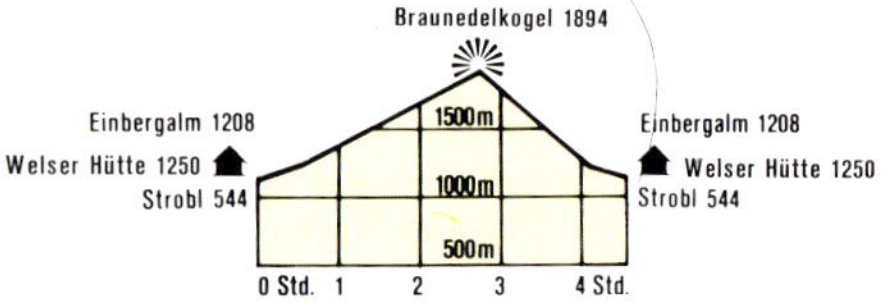

Ausgangspunkt: Strobl
Parken: Postalm/Welser Hütte
Höhenunterschied: 730 m

Wanderzeit: 4½ Std.
Schwierigkeitsgrad: nur für Geübte!
Einkehr: Welser Hütte

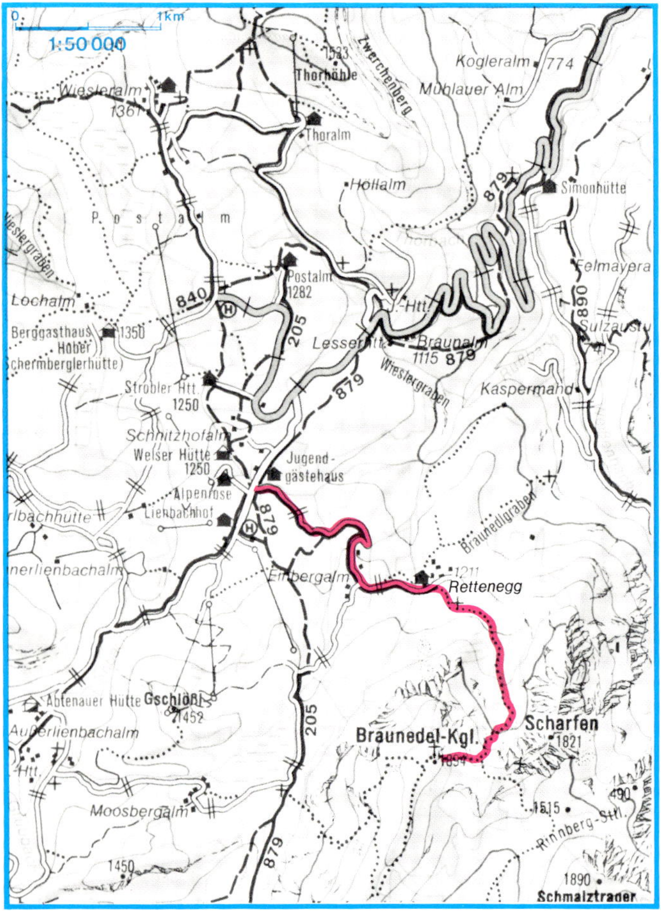

Postalm bei Strobl

Tourenverlauf: Die zweitgrößte Alm Mitteleuropas bietet schon seit langem dem Wintersportfreund zahlreiche Abfahrten. Als Ausflugsgebiet im Sommer sucht diese Hochfläche mit ihren Einkehrmöglichkeiten und vielfältigen Wanderwegen ihresgleichen. Man kann beliebige Rundtouren von einer bis zu vier Stunden planen, man kann aber auch eine zünftige Bergtour unternehmen. Nahe der Welser Hütte zweigt links der Almfahrweg zur Einbergalm ab, zu der man in 30 Minuten hinüber wandert. Östlich beginnt aber der zügig steile Anstieg, der zunächst durch Wald, dann in das von Almrosen und Latschen durchsetzte Hochtal und in die Felszone mündet. Der von Westen herabziehende, schwach ausgeprägte Kamm vermittelt den Zustieg zum Gipfel, der ein einfaches Kreuz trägt. Südlich erheben sich über den Wiesen der Rinnerbergalm und der Hornspitze die zerklüfteten Wandfluchten des Gosaukamms, im Norden zieht der Schafberg unsere Aufmerksamkeit auf sich. Für den Abstieg nehmen wir den Anstiegsweg und achten auf Steinschlag! Bei Nässe ist die Besteigung des Braunedelkogels nicht ratsam.

9 **Bergtour:** Strobl – Weißenbach – Rettenkogel, 1.781 m

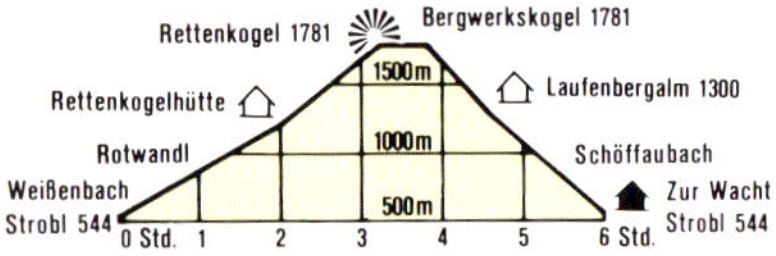

Ausgangspunkt: Strobl
Parken: Weißenbach
Höhenunterschied: 1.240 m

Wanderzeit: 6 Std.
Schwierigkeitsgrad: nur für Geübte!
Einkehr: Zur Wacht

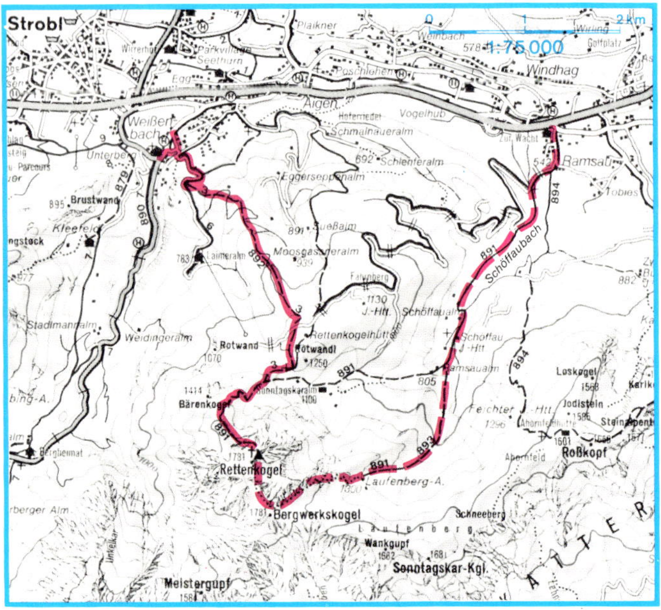

Tourenverlauf: Eine zünftige und wenig begangene Route führt auf einen der schönsten Aussichtsberge im Gebiet des Wolfgangsees, auf den Rettenkogel, 1.781 m, südlich von Strobl. Von Weißenbach, südlich der Salzkammergut-Bundesstraße, folgt man nicht der Mautstraße zur Postalm, sondern biegt gleich am Taleingang links ab (Wegweiser Laimeralm). Der Straße zur Laimeralm kann man etwa einen Kilometer bergan folgen, ehe an geeigneter Stelle der Pkw abgestellt wird. Bevor man auf die erste große Weidefläche gelangt, zweigt der mit »892« und »3« markierte Fußsteig zum Rettenkogel ab. Einen Karrenweg abkürzend steigen wir in knapp zwei Stunden über den Waldrücken zum Rotwandl auf, an dessen Fuß die unbewirtschaftete Rettenkogelhütte liegt. Vom Sattel setzen wir den Anstieg westlich fort und betreten den Kamm, auf dem wir durch Latschengestrüpp zum Gipfelkreuz des Rettenkogels gelangen (3¼ Std. von Weißenbach). Für ausdauernde

Geübte besteht die Möglichkeit der Gratüberschreitung zum Bergwerkskogel, 1.781 m, von dort steil hinunter zur Laufenbergalm, 1.300 m, und am Fahrweg entlang des Schöffaubachs nach Ramsau. Beim Gasthof »Zur Wacht« befindet sich die Busstation, von wo man nach Strobl zurückkehrt.

10 **Wanderung:** Strobl – rund um den Schwarzensee, 741 m

Ausgangspunkt: Strobl
Parken: im Ort
Höhenunterschied: 200 m
Wanderzeit: 4 Std.
Schwierigkeitsgrad: leicht!
Einkehr: Almstadel, Lore

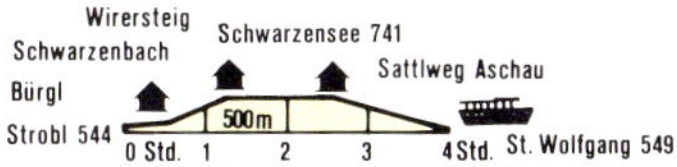

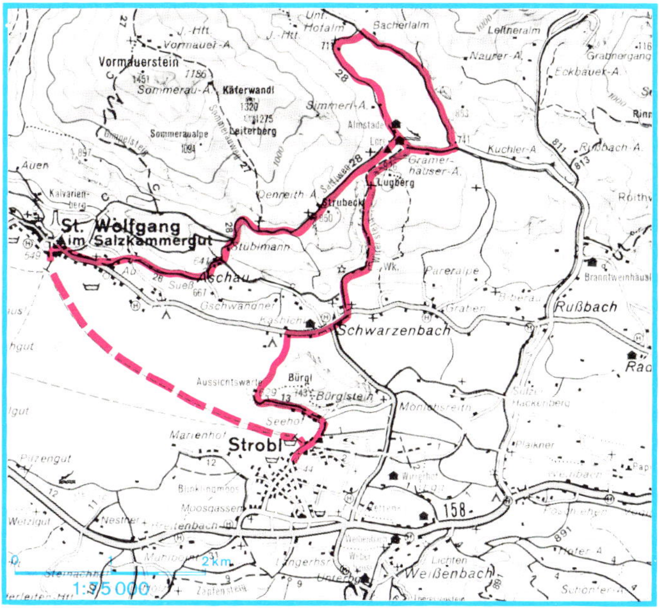

Tourenverlauf: Obwohl man mit dem Pkw über Rußbach direkt an den Schwarzensee anfahren kann, wählen wir eine andere, abwechslungsreiche Route. Von Strobl spazieren wir entlang des Sees am neu errichteten Steig rund um den Bürgl (mit Aussichtswarte) zum Campingplatz in Schwarzenbach. Nun geht es etwa 800 Meter rechts der Straße entlang, bis nach der Brücke über den Schwarzenbach links die Straße abzweigt, die zum Kraftwerk führt. Dieses wird vom Schwarzensee gespeist. Hier beginnt auch der Wirersteig, der uns durch die Klamm hinauf direkt an das Ufer des Schwarzensees bringt (Parkplatz). Die Seeumrundung dauert etwa eine Stunde. Die Rückkehr kann man auch über den Sattlweg am Strubeck vorbei nach Au und St. Wolfgang vornehmen, von wo man per Schiff nach Strobl übersetzt.

⓫ **Bergtour:** St. Wolfgang – Schafberg, 1.783 m – Mönichsee – Auerriesenweg

Ausgangspunkt: St. Wolfgang
Parken: Talstation Schafbergbahn
Höhenunterschied: 1.230 m
Wanderzeit: 4 Std.
Schwierigkeitsgrad: mittel!
Einkehr: Himmelspforthütte, Schafberghotel

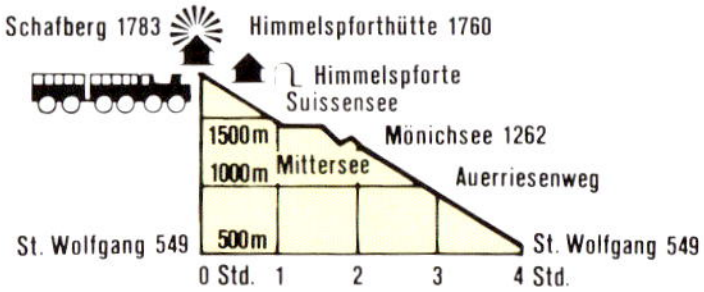

Tourenverlauf: Die lohnendste Tour des Salzkammerguts ist unbestritten die Besteigung des 1.783 Meter hohen Schafbergs. Ein Steinbeilfund weist darauf hin, daß bereits in der Jungsteinzeit Jäger und Sammler auf diesem Gipfel waren. Bekannt ist der Aussichtsberg aber erst

Schafberg

durch die Schafberg-Zahnradbahn geworden, die heute aufgrund der Nostalgiewelle jährlich Tausende auf den Gipfel führt. Auch wir nehmen die dampfende und schnaubende Bahn zum Aufstieg zu Hilfe. Von der Bergstation spazieren wir zur Himmelspforthütte hinüber und steigen durch das Felsentor (»Himmelspforte« genannt) und eine steile Rinne (Drahtseile!) auf die Nordseite des Schafbergs ab. Nun quert man nach Osten unter den Steilabfällen hindurch, überschreitet einen Kamm und findet sich gleich darauf in der Felswüste beim Suissensee ein (Hinweistafeln). Der mit »17« markierte Steig führt uns nun eben hinüber zum Mittersee, an dem 1959 Murmeltiere ausgesetzt wurden, die uns jetzt mit schrillen Pfiffen begrüßen. Um zum Mönichsee zu gelangen, muß man ein kurzes Stück auf den Kamm ansteigen. Am südlichen Seeufer, wo der Purtschellerweg zur Schafbergalm abzweigt, beginnt auch unser Abstieg über den Auerriesenweg und entlang des Dittelbaches. Der Waldweg erreicht unweit der Schafbergbahn die Wiesen nahe St. Wolfgang.

⓬ **Wanderung:** Unterach – Burggrabenklamm – Buchberghütte, 1.015 m

Ausgangspunkt: Unterach, Weißenbach
Parken: Jägerwirt
Höhenunterschied: 540 m
Wanderzeit: 3½ Std.
Schwierigkeitsgrad: leicht!
Einkehr: Jägerwirt, Buchberghütte

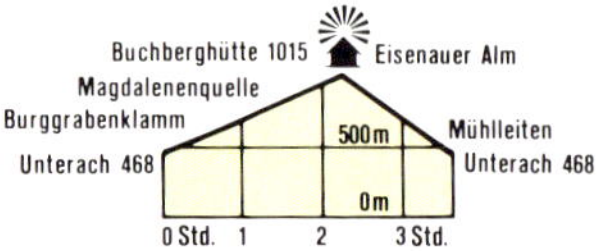

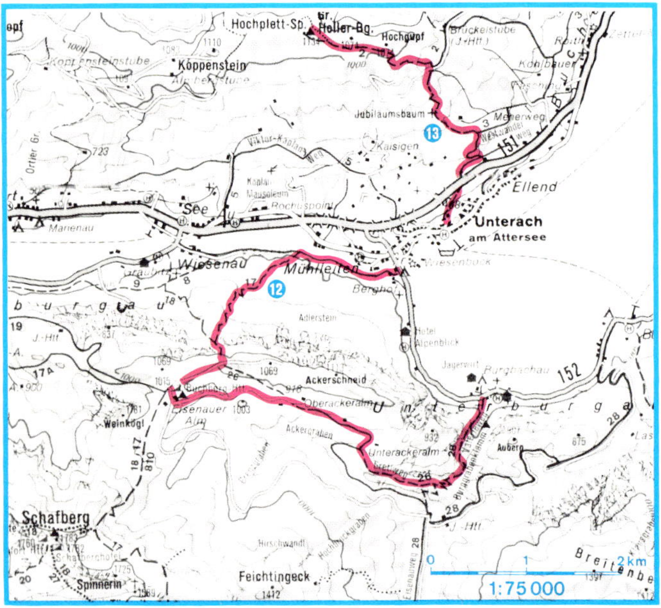

Tourenverlauf: Plant man nur die äußerst lohnende Besichtigung der Burggrabenklamm, so wird man mit dem Fahrzeug direkt bis zum Jägerwirt in Unterburgau anfahren. Wer vorhat, die Wanderung bis zur Eisenauer Alm auszudehnen, sollte von Unterach mit dem Bus zur Klamm kommen. Wenige Schritte hinter dem Gasthof beginnt der gut ausgebaute, teils aus dem Fels gesprengte Weg bei einem Marterl, das ein Kriegsheimkehrer gestiftet hat. Höhepunkt ist immer wieder der schäumende und tosende Bach, der zwischen den glattgescheuerten Wänden eilig seinen Weg zum Attersee sucht. Beim südlichen Ausgang liegt die Magdalenenquelle, ¾ Gehstunden vom Attersee. Entlang der Grenze zwischen den Bundesländern Salzburg und Oberösterreich führt ein Weg, der eine Hochspannungsleitung passiert und die Unterackeralm erreicht. Die Markierung 26 bringt uns bei interessanten Blikken auf die Schafberg-Abstürze zur Eisenauer Alm, wo sommers Rinder und Pferde weiden. Wir gehen östlich in Richtung Sender zurück und biegen bei der Beschilderung links auf den Weg 17 ein, der uns durch steilen Hochwald hinunter zur Seeache und nach Mühlleiten bringt.

Attersee mit Höllengebirge

⑬ **Bergwanderung:** Unterach – Hochplettspitze, 1.134 m

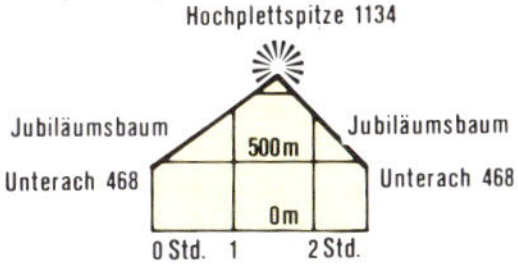

Ausgangspunkt: Unterach
Parken: im Ort
Höhenunterschied: 660 m
Wanderzeit: 2½ Std.
Schwierigkeitsgrad: leicht!
Karte: siehe Seite 38

Tourenverlauf: Von Unterach muß man zur Umfahrungsstraße und auf ihr etwa 200 Meter nördlich gehen, um zur Abzweigung zur Hochplettspitze zu gelangen. Der eineinhalbstündige Anstieg lohnt sich für jeden, wartet doch ein weites Gipfelpanorama auf den Gipfelstürmer. Schon nach der ersten Kehre nimmt uns der Wald auf, deshalb ist der südseitige Anstieg nicht so schlimm. In zahlreichen Serpentinen steigt man höher, bis man nach einer halben Stunde die erste Etappe beim »Jubiläumsbaum« hinter sich hat. Von den Bänken hat man gute Aussicht auf die Ufer des Attersees. ¼ Std. später betritt man einen Holzbringungsweg, den man nach rechts verfolgt, wo nach wenigen Minuten ein Wegweiser abermals den Steig zum Gipfel zeigt. Nach einer weit ausholenden Schleife gelangt man auf die Gipfelplattform zwischen Hochgupf und Hollerberg. Ein letzter Aufschwung ist noch zu überwinden und wir stehen am freien Gipfel. Während wir beim Tisch die Gipfeljause verzehren, schweifen wiederholt die Blicke im Rund vom Schafberg bis zum Dachstein. Am Anstiegsweg kehrt man ins Tal zurück.

⑭ **Rundwanderung:** Nußdorf – Roßmoos, 1.015 m – Dachsteinblick

Ausgangspunkt: Nußdorf
Parken: Dachsteinblick
Höhenunterschied: 230 m
Wanderzeit: 2 Std.
Schwierigkeitsgrad: leicht!
Einkehr: Dachsteinblick

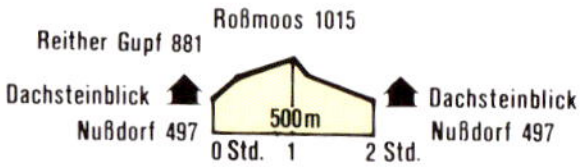

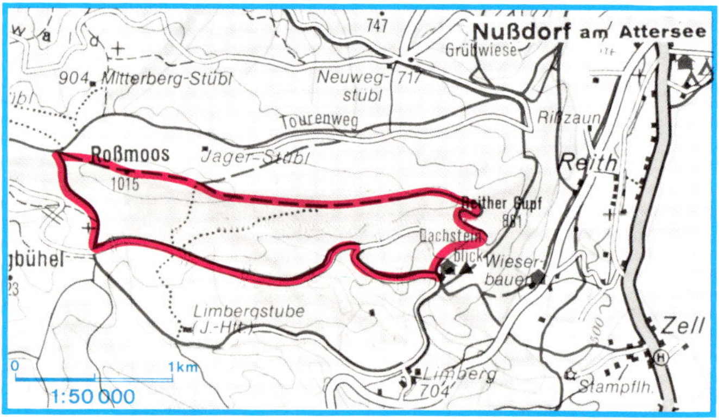

Tourenverlauf: Bis zum Gasthof Dachsteinblick kann man bequem mit dem Auto von Nußdorf über Limberg anfahren. Zu der herrlichen Aussichtslage kommt noch ein gepflegter Gastgarten, der zur Einkehr auffordert. Wir möchten jedoch eine Rundwanderung unternehmen, ehe wir zur Jause hierher kommen. Zunächst wandern wir östlich über die Wiesen und den Himbeerschlag hinauf zum Reither Gupf, 881 m. Hier beginnt die erholsame, schattige Kammwanderung in westlicher Richtung. Nach ½ Std. mündet von rechts der Steig von Nußdorf ein und wenig später steht man auf der Kuppe des 1.015 Meter hohen Roßmoos. Wir steigen vierhundert Meter auf der Gegenseite ab und biegen auf den breiten Fußweg links ein, der wieder in einen Fahrweg mündet. Abermals links spazieren wir durch schönen Mischwald nahezu eben zurück zum Dachsteinblick, den man nach kurzem Abstieg (bei der Abzweigung rechts gehen!) erreicht.

⑮ Attersee-Westwanderweg

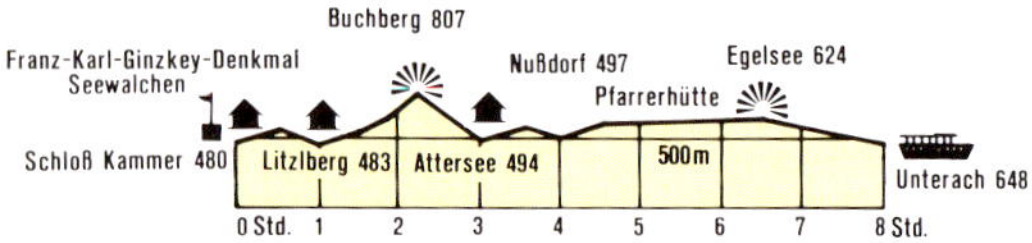

Ausgangspunkt: Kammer
Parken: Schiffsstation
Höhenunterschied: etwa 500 m
Wanderzeit: 8 Std.
Schwierigkeitsgrad: mittel!
Einkehr: zahlreiche Möglichkeiten
Karte: siehe Seite 41 und 42

Tourenverlauf: Für Freunde langer Wanderstrecken bietet der 1978 eröffnete, 35 Kilometer lange Attersee-Westwanderweg viel Abwechslung und unterschiedliche Ausblicke. Wer nicht die ganze Strecke er-

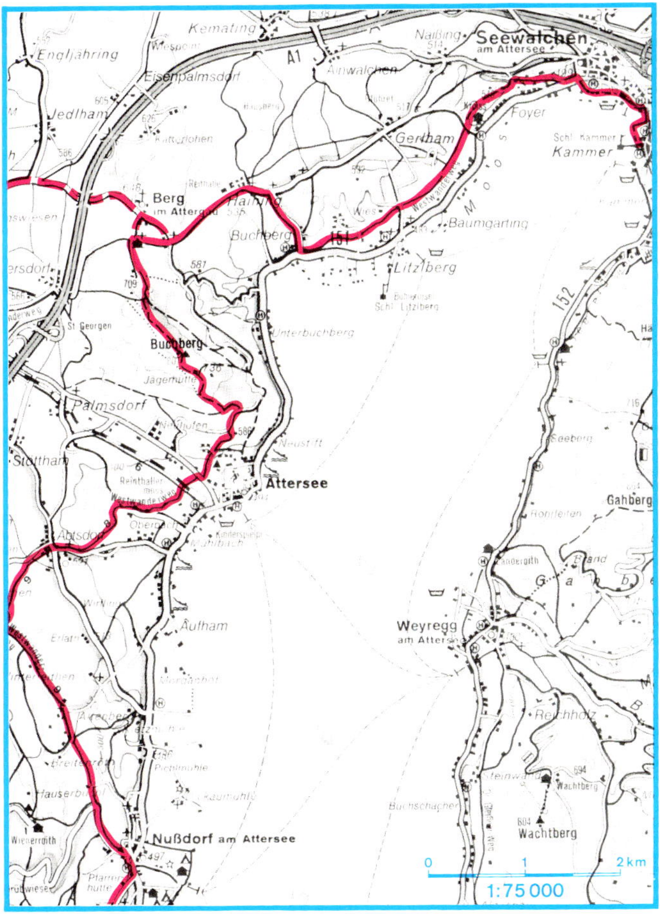

wandern will, dem seien die schönsten Abschnitte verraten: der Buchberg und der Egelsee. Wir aber beginnen die Tour beim Schloß Kammer, das auf einer Halbinsel des Attersees im 13. Jahrhundert errichtet wurde. Der gesamte Wegverlauf ist ausreichend mit Tafeln (weiß-grüne Aufschrift: Attersee-Westwanderweg) markiert. Über die Agerbrücke gelangt man nach Seewalchen, passiert das Strandbad und steigt nach der Atterseestraße und dem Friedhof zum Franz-Karl-Ginzkey-Denkmal (1871–1963) an. Entlang des Hanges gelangt man nach Litzlberg und nach der landschaftlich störenden Betonsiedlung am Buchberg hinab in den Ort und weiter nach Haining und Berg im Attergau. Hier teilt sich bei der Kapelle der Weg: Die eine Variante führt über

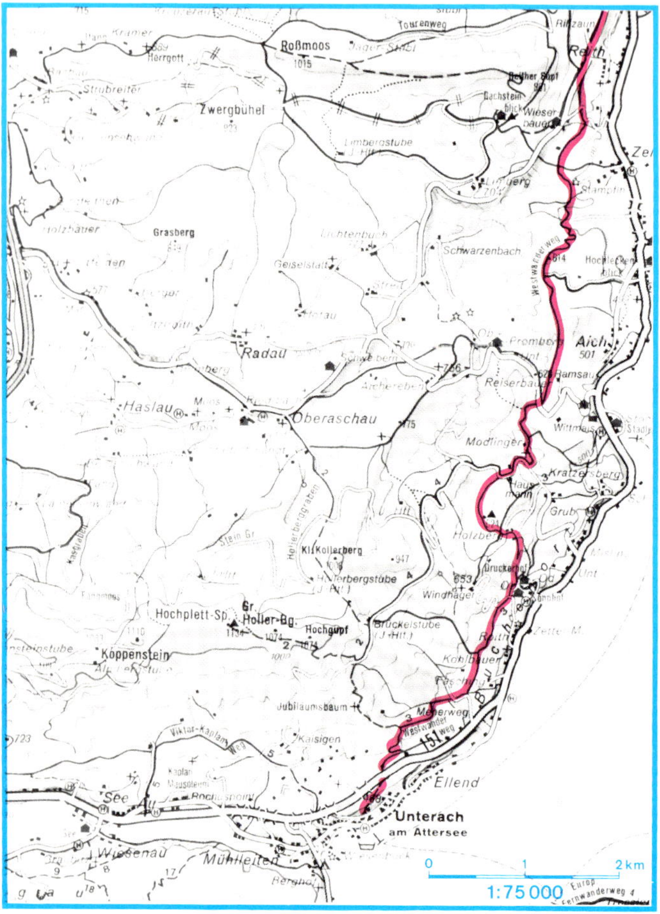

St. Georgen mit seiner tausendjährigen Linde nach Nußdorf, unser Weg wendet sich über den Buchberg ebenfalls Nußdorf zu. Am Gipfel des 807 Meter hohen Berges steht eine kleine Hütte. (Aussicht über den Attersee zum Gahberg.) Über Attersee und Abtsdorf gelangt man nach Nußdorf, wo wir gut ein Drittel des Wanderweges hinter uns haben. In nächster Nähe kommt man zum Aussichtspunkt Pfarrerhütte und quert darauf den landschaftlich eindrucksvollen Abschnitt zum Dexelbach. Eine gute Stunde später gelangt man zum naturgeschützten Moorsee Egelsee (Badegelegenheit). Am Druckerhof vorbei bringt uns der Westwanderweg nach Unterach. Für den Rückweg nimmt man entweder den Bus oder (besser) das Schiff zurück nach Kammer.

16 **Rundwanderung:** Weyregg – Wachtberg, 804 m – Dr.-Gleißner-Weg

Ausgangspunkt: Weyregg
Parken: im Ort
Höhenunterschied: 100 m
Wanderzeit: 2½ Std.
Schwierigkeitsgrad: leicht!
Einkehr: im Ort, Wachtberg

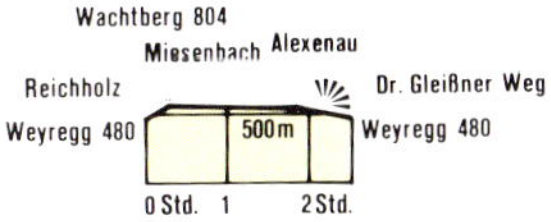

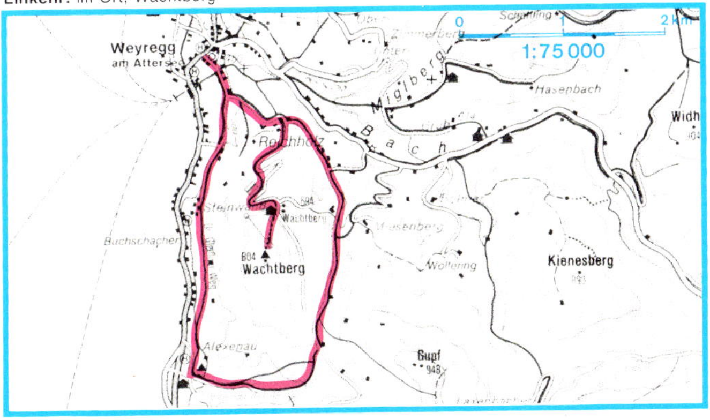

Tourenverlauf: Über den Schwemmkegel des Weyregger Bachs folgen wir von der Kirche der Wachtbergstraße leicht ansteigend zum Ortsteil Reichholz (Markierung: blauer Kreis mit weißem Punkt). Hier können wir uns für den Anstieg (rot-weiß markiert) auf den Wachtberg, 804 m (¾ Std., Gasthof) entscheiden oder für die Rundwanderung (2½ Std.). Der Gipfelanstieg ist problemlos markiert und folgt dem Verlauf der Straße zum Berggasthof Wachtberg und in ¼ Std. über die Skilifttrasse hinauf zum aussichtsreichen Gipfel. – Die Rundwanderung führt vom Haus Hubertus links zu einem Forstweg (Auweg), der entlang des Miesenbachs ansteigt und herrliche Naturlandschaft durchquert. Entlang des Alexenauerbaches erreicht man in Alexenau den Dr.-Gleißner-Weg, eine Promenade, die am Wiesenhang hoch über dem Attersee zurück nach Weyregg leitet.

17 **Bergwanderung:** Steinbach/Seefeld – Bramhosen, 960 m

Ausgangspunkt: Steinbach
Parken: im Ort
Höhenunterschied: 450 m
Wanderzeit: 2½ Std.
Schwierigkeitsgrad: leicht!
Einkehr: Kienklause
Karte: siehe Seite 44

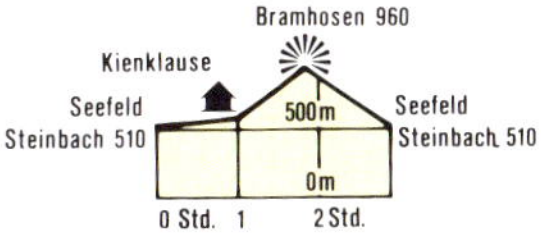

Tourenverlauf: Von Seefeld wandert man entlang des Kienbaches talein, immer dem wenig befahrenen Sträßchen nach bis zum Gasthof Kienklause, wohin auch von Steinbach eine (bessere) Straße führt (1 Std.). Östlich der Wiese macht ein Wegweiser auf die Richtung zum Bramhosen aufmerksam. Aufgrund des steilen Waldanstieges kann man in weniger als ¾ Std. den Gipfel erreichen. Hier könnte man stunden-

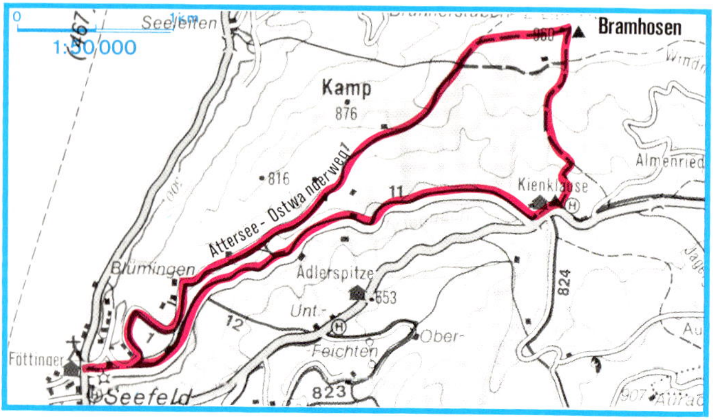

lang rasten, wo man doch mit dem Fernglas die Besucher des Hochleckenhauses zählen kann, auch der Brunnkogel ist, wie die gesamte Wandflucht des Höllengebirges, ein interessantes Blickfeld. Für den Abstieg wählen wir den bequemen, nach Westen ziehenden Weg über Almwiesen und durch Baumgruppen talwärts. Nach ¼ Std. trifft man auf einen Fahrweg, der uns bei weitreichenden Ausblicken auf den Attersee bis nach Seefeld hinab bringt.

18 **Bergtour:** Weißenbach – Schoberstein, 1.033 m

Ausgangspunkt: Weißenbach
Parken: Weißenbach
Höhenunterschied: 560 m
Wanderzeit: 2½ Std.
Schwierigkeitsgrad: mittel!

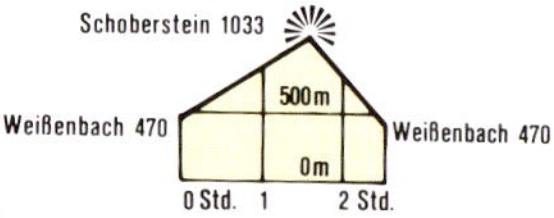

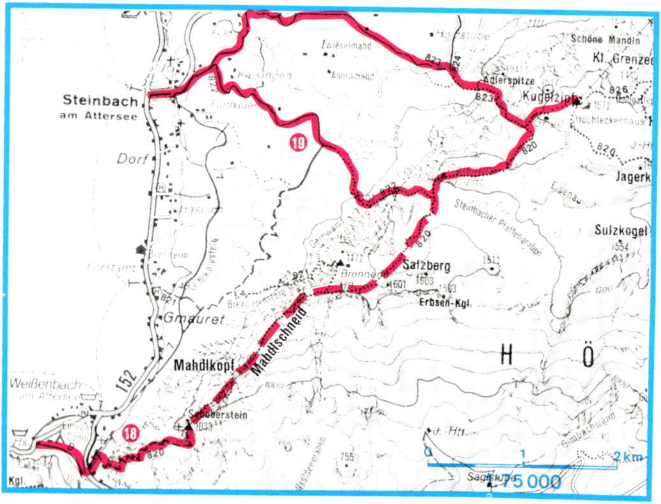

Tourenverlauf: Die Umgebung des Attersees ist reich an netten, kurzen Gipfelzustiegen, die überall gute Aussicht bieten. Zudem gilt es als Vorteil, wenn man, ins Tal zurückgekehrt, ein erfrischendes Bad im See nehmen kann. Von Weißenbach spazieren wir am Europa-Camp vorbei und nehmen den am Beginn des Weißenbachtals links abbiegenden Steig Nr. 820 zum Schoberstein in Angriff. Gemütlichen Gehern bieten sich immer wieder Bänke zum Rasten und Schauen, auch der untere Wegabschnitt ist für beschauliches Wandern gedacht. Der Kamm verengt sich zusehends, Kalkgestein tritt immer häufiger an die Oberfläche. Über einige Felsen erreicht man schließlich nach 1 ½ Std. den Gipfel mit seiner Aussicht zur Drachenwand und zum Schafberg. Derselbe Weg wird auch im Abstieg nach Weißenbach benützt.
Für den Geübten gibt es eine vielversprechende Variante: Mit genügend Getränken im Rucksack kann man über die Mahdlschneid zur Brennerin und weiter zur Gaisalm und zum Hochleckenhaus den Weg fortsetzen (vom Schoberstein etwa 3 Std.) und tags darauf entweder über die Aubödenhütte oder den ausgesetzten Brennerinsteig nach Steinbach oder Gmauret absteigen.

19 **Bergtour:** Steinbach – Hochleckenhaus, 1.572 m

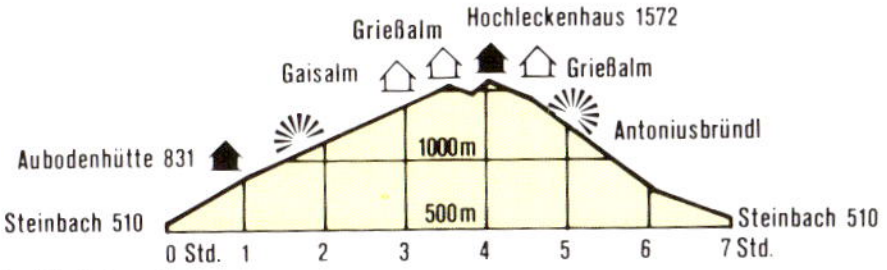

Ausgangspunkt: Steinbach
Parken: im Ort
Höhenunterschied: 1.060 m
Wanderzeit: 7 Std.

Schwierigkeitsgrad: mittel!
Einkehr: Hochleckenhaus
Karte: siehe Seite 44

Tourenverlauf: Für den Aufstieg zum Hochleckenhaus benützen wir den östlich von der Kirche von der Großalmstraße abzweigenden Fahrweg. Die Markierung 822 und die Hinweistafeln geben uns den Weg zur Aubödenhütte an. Der schattige, gemütlich steigende breite Weg zieht durch den Wald hinauf zum gastlichen Schutzhaus (1 Std. von Steinbach). Für den weiteren Anstieg ist etwas Trittsicherheit erforderlich, denn nach der Waldzone gelangen wir an den Ausläufer der Mahdlschneid, einer Felswand, durch die eine Steiganlage hinauf in die Senke der Gaisalm (Quelle!) leitet. Weite Latschenfelder bedecken die Karsthochfläche, die wir in Richtung Osten überqueren, um über die Wiesen der Grießalm zum Hochleckenhaus zu gelangen (4 Std. von Steinbach). Reichhaltig ist die Speisekarte und hier oben schmeckt's auch prima. Für den Abstieg wählen wir den Weg zurück bis zur Grießalm, wo wir rechts durch den steilen Graben hinab zum Antoniusbründl gelangen. Die Route 823 tangiert und quert eine Forststraße und bringt uns nordwestlich durch den Wald zum Zwieselbach. Bald treten wir auf eine Wiese heraus und erreichen 20 Minuten später die Gehöftgruppe Berg. Beim weiteren Abstieg liegt der Attersee vor uns, den wir nach einer guten halben Stunde erreichen. Was hindert uns an einem erfrischenden Bad, ehe wir zurück zum Ausgangspunkt kehren?

Almtal
Gmunden
Traunsee

Almtal – Gmunden – Traunsee

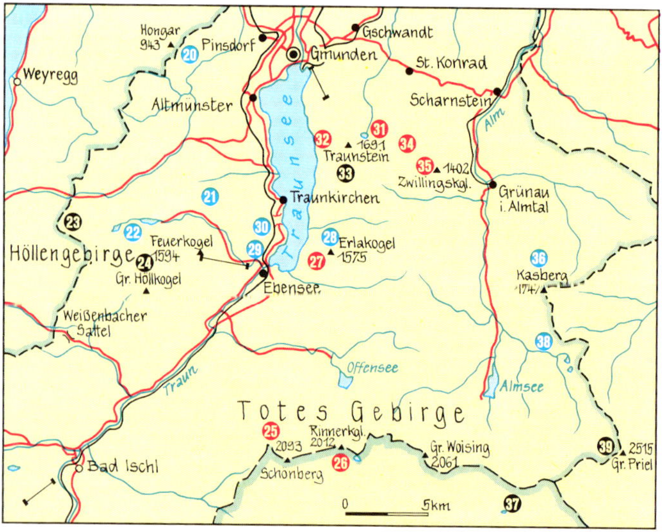

● Fremdenverkehrsverband, Verkehrsverein — Straße — Eisenbahn — Landesgrenze — Bezirksgrenze ㉛ Lage der beschriebenen Wanderwege

Eine der beherrschendsten, weithin sichtbaren Felsgestalten des Salzkammergutes ist der als »Landeswarte« oder »Wächter des Salzkammergutes« bezeichnete, 1.691 Meter hohe Traunstein. Durch seinen rerelativ großen Höhenunterschied (1.270 m) wird in der von A. Hirschvogel 1542 herausgegebenen Karte der Traunstein als der höchste Gipfel des Landes bezeichnet. Vermutlich waren Jäger die ersten, die ganz oben standen. Von Kaiser Maximilian I. (1459–1519) heißt es, er wäre am 14. November 1506 zum Gipfelsieg gelangt. Bis zum 19. Jahrhundert war der Anstieg über den Laudachsee und Ostgrat – heute ein eher unbekannter Steig – am beliebtesten. Als die Mairalm 1885 erweitert wurde, kam die Besteigung von dieser Seite in große Mode. 1905 wurden der Hernlersteig und 1929 der Naturfreundesteig eröffnet, 1907 die Gmundner Hütte und 1927 das Naturfreundehaus am Traunkirchner Kogel erbaut. Anläßlich der Sechzig-Jahr-Feier am 6. Oktober 1967 berichten die Oberösterreichischen Nachrichten folgendes von dieser Hütte, die zu den ältesten des Salzkammerguts zählt: »Interessant ist, daß die Hütte vorerst keine Tür und keinen Ofen aufweisen durfte, da man fürchtete, die Wilderer könnten sich seßhaft machen. Diese Verordnung wurde allerdings im Jahre 1913 rückgängig gemacht. Als sich der Gmundner Touristenverein 1954 auflöste, wurde sein gesamtes Vermögen, damit auch die Gmundner Hütte auf dem Traunstein, dem Österreichischen Alpenverein übergeben.«
Die Umgebung des Traunsteins, die durch einen Wechsel von Seen-,

Wald- und Hügellandschaft zum Wandergebiet geradezu prädestiniert erscheint, eignet sich vorzüglich zur Entspannung und Erholung. Dies erkannte man schon in der k. u. k. Zeit, als sich Gmunden in Adelskreisen eines guten Rufs erfreute. Aufgrund seiner klimatisch günstigen Lage wurde Gmunden 1861 zur Kurstadt erklärt. Auf dieses Prädikat konnte damals im Alpenraum nur noch Meran verweisen. Auch heute zeugen Kuraufenthalte in Gmunden von reger Beliebtheit. Die Kurangebote umfassen Kneippkuren, Massagen, Moorpackungen, Medizinalbäder und zahlreiche andere Therapien. – Die zweite Hälfte des 19. Jahrhunderts brachte mit dem Wohlstand auch eine räumliche Ausdehnung der Kurstadt mit sich. Auf der rund 880 Hektar großen Halbinsel westlich der Stadt ließ 1870 der Großherzog von Toscana für seinen Sohn Erzherzog Johann die Villa Toscana errichten. Die gepflegte Naturlandschaft wird Toscana-Park bezeichnet, der 1976 durch das Land Oberösterreich käuflich erworben und öffentlich zugänglich gemacht wurde. Nach der Restaurierung der Villa Toscana 1981/82 (Cafe, Seminarräume) wurde auf dem anschließenden Areal das für 1.000 Personen konzipierte Kongreßhaus (Großer Saal für 750 Personen, Kleiner Saal 250 Personen) fertiggestellt, das für die kulturellen Ereignisse Gmundens neue Akzente setzt.
Spricht man von Gmunden, so verbindet der Wassersportler damit Begriffe wie Segeln, Surfen und Wasserskifahren. Die 25,55 Quadratkilometer große, bis 1667 als »Gmundner See« bezeichnete Wasserfläche bietet durch ihre Süd-Nord-Erstreckung hervorragende Windverhältnisse, die besonders bei Hochdruckwetterlagen durch das Talwindsystem angeregt werden. Die tiefste Stelle, 193 Meter, wurde zwischen Traunkirchen und dem Traunstein ausgelotet. Damit ist der Traunsee nicht nur das zweitgrößte, sondern auch tiefste Gewässer im Salzkammergut. Die große Wassertiefe und der Durchfluß der Traun sind die Ursachen für die relativ niedrigen Wassertemperaturen. Nur an heißen Sommertagen erreicht der See 18 bis 20 Grad. Doch der Bergsteiger, der, vom Traunstein kommend, Kühlung sucht, nimmt auch bei niedrigeren Temperaturen gern ein erfrischendes Bad.
Die Linienschiffahrt verkehrt vom 1. Mai bis Ende September 14 mal täglich, zusätzlich sind die Große Seenrundfahrt (Dauer 3 Std.), die Traunkirchner Rundfahrt (1¼ Std.) und die Schlösser-Rundfahrt (30 Min.) für Gemeinschaftsfahrten, Schul- und Betriebsausflüge empfehlenswert. (Auskünfte erteilt die Traunsee-Schiffahrt, Informationsbüro in Gmunden, Tel. 07612/5215).

Ortsbeschreibungen:

ALTMÜNSTER

Marktgemeinde, Bezirk Gmunden, Seehöhe: 443 m, Einwohnerzahl: 9.000, Postleitzahl: A-4813. **Auskunft:** Fremdenverkehrsamt Altmünster, Tel. 07612/8611-40 und 87564. **Bahnstation:** Altmünster; Busverbindungen mit Gmunden, Linz, Ebensee, Bad Ischl, Neukirchen, Reindlmühl, Anlegestelle der Traunsee-Schiffahrt.

Altmünster liegt in einer weiten, nach Süden offenen Bucht mit schönem, flachem Badestrand. Funde in der Umgebung von Altmünster bestätigen eine sehr frühe Besiedlung durch Kelten, die entlang der Salzhandelsstraße hier seßhaft wurden. Nach der Römer- und Slawenherrschaft kam der Bajuwarenkönig Tassilo 772 in das Salzkammergut und in seinem Gefolge die Christianisierung, die ihr Zentrum im »Monasterium an trunseo« hatte. Das von den Ungarn 927 zerstörte Kloster wurde etwa dreihundert Jahre später von den Markgrafen von Steyr neu errichtet. Im Jahre 1269 erscheint erstmals in einer Urkunde die Ortsbezeichnung »Münster«. Für die Entwicklung des Ortes war das Jahr 1877 bedeutsam, als die Salzkammergutbahn eröffnet wurde. Sie übernahm einen Großteil des Güterverkehrs, der bis dahin fast ausnahmslos über den Traunsee abgewickelt wurde.

Schenswert
Spätgotische Pfarrkirche, 15. Jh., mit massigem Turm, um 1300. Barocker Hochaltar mit Bild von Joachim von Sandrart, 1636. Statuen von Michael Zürn dem Jüngeren. In der Taufkapelle Allerheiligenaltar mit Hochrelief (Steinguß) von 1518. Grabmal des Grafen Herberstorff (Urheber der Bauerntragödie am Haushammerfeld). Römerstein. — **Schloß Ebenzweier,** von Erzherzog Maximilian erworben, birgt in der Kapelle einen guten Knorpelwerkaltar (um 1660) und eine reich geschnitzte Tür. Franz Schubert war wiederholt auf Schloß Ebenzweier zu Gast. — Internatsschule im Schloß Traunsee, gegründet von Herzog von Württemberg. — **Wildpark Hochkreut** (1975 eröffnet) mit sehenswertem Vogelstimmenpfad. Auf dem 14 ha großen Areal (Blick zum Traunstein und Höllengebirge) kann man Rot- und Damwild, Steinböcke, Wisente, Yaks und Spieltiere für Kinder beobachten. Geöffnet von 1. April bis 30. Oktober (9—18 Uhr). — **Heimathaus Neukirchen** (bis 1780 wurde diese Ortschaft »Viechtaw« genannt, wo Schnitzer und Drechsler als Teller- und Löffelmacher bekannt waren. Nach dem 1694 erlassenen Hausiererverbot wurden diese Erzeugnisse in ganz Europa abgesetzt).

EBENSEE

Marktgemeinde, Bezirk Gmunden, Seehöhe: 427 m, Einwohnerzahl: 9.200, Postleitzahl: A-4802. **Auskunft:** Fremdenverkehrsverband Ebensee, Tel. 06133/8016. **Bahnstation:** Ebensee; Busverbindungen mit Gmunden und Bad Ischl, Anlegestelle der Traunsee-Schifffahrt.
Bergbahnen: Feuerkogel-Seilschwebebahn, Sessel und Schlepplifte.

Die kleine Ebene, die die Traun in den See aufschüttete, gibt der Landschaft zwischen Totem Gebirge und Höllengebirge eine heitere Note. Ihr verdankt der uralte Salzort Dasein und Namen. Durch Jahrhunderte wurde hier aus der in Leitungen herbeigeführten Sole Salz gewonnen und auf dem Wasserweg weiterbefördert. Salzgewinnung und Verarbeitung in bedeutenden chemischen Werken prägen den Markt auch heute noch. Daneben gewinnt er durch seine zentrale Lage als Ausgangspunkt für Bergtouren, besonders aber als Talort der Feuerkogelbahn steigende Bedeutung im Sommer- und Wintertourismus. (Juli–August stündliche Abfahrt nur bei Voranmeldung ab 15 Pers.)

Sehenswert
Pfarrkirche mit barocker Ausstattung. – **Gaßl-Tropfsteinhöhle** (Pfingsten bis 15. September an Samstagen und Sonntagen; siehe auch Wanderung Nr. 28). – Feuerkogel. – Faschingsumzüge.

Schloß Ort bei Gmunden

GMUNDEN

Stadt, Bezirk Gmunden, Seehöhe: 425 m, Einwohnerzahl: 13.300, Postleitzahl: A-4810. **Auskunft:** Kurverwaltung Gmunden, Tel. 07612/4305. **Bahnstation:** Gmunden; Busverbindungen mit Linz, Bad Ischl, Steyr, Grünau-Almsee, Grieskirchen, Schwanenstadt, Vöcklabruck, Neukirchen, Großalm, Anlegestelle der Traunsee-Schiffahrt.
Bergbahnen: Grünberg-Seilbahn und Schlepplift.

Gmunden umschließt in malerischem Halbrund, vom Seeufer über reich gegliedertes Moränengelände ansteigend, das Nordende des

Traunsees. Der alte Salzstapel- und Umschlagplatz vor dem Rathaus bildet seit je das Zentrum der Siedlung, die als einzige des Salzkammergutes städtisches Leben (bereits seit Ende des 13. Jh.) entwickeln konnte. Die landesfürstliche Stadt, deren abwechslungsreiche Geschichte sich im Stadtbild widerspiegelt, war jahrhundertelang Sitz der obersten Verwaltungsbehörde des Salzkammergutes, mit dessen Entdeckung als Reiseziel sie bald zur erstrangigen Kurstadt wurde.

Sehenswert

Frühgotische Stadtpfarrkirche, 1. Hälfte 14. Jh., mit fast noch romanischer Raumwirkung, z. T. barockisiert. Schöne Grabsteine und Epitaphien, 15.—19. Jh. — **Rathaus,** Mittelteil mit zierlichen Erkern und Lauben, Ende 16. Jh. Reiche Stuckdekorationen, 1756. Keramikglokkenspiel. — **Kammerhof,** gotischer Gebäudekomplex, im Kern 15. Jh., oft umgebaut, nunmehr renoviert, mit schönen Details. Kultursaal und **Heimatmuseum** hier untergebracht. — **Landschloß Ort,** Anfang 17. Jh. Burganlage mit wehrhaften Ecktürmen um einen quadratischen Hof mit prächtigem, schmiedeeisernem Rokokobrunnen. — Über eine 130 Meter lange Holzbrücke zum **Seeschloß Ort.** Unregelmäßige gotische Anlage, massiger Torturm mit barockem Zwiebelhelm, reizvoller, dreieckiger **Arkadenhof** (Serenadenkonzerte!), 16. Jh. In der **Schloßkapelle** (beliebte Hochzeitskirche) eine sehr schöne Holzstatue Maria mit Kind, um 1460. — Fronleichnamsumzug am See. — Blumenkorso.

GRÜNAU im Almtal

Gemeinde, Bezirk Gmunden, Seehöhe: 528 m, Einwohnerzahl: 2.100, Postleitzahl: A-4645.
Auskunft: Fremdenverkehrsverband Grünau, Tel. 07616/8268. **Bahnstation:** Grünau; Busverbindung mit Gmunden.
Bergbahnen: Gondelbahn Kasberg, Sessel- und Schlepplifte.

Grünau ist flächenmäßig eine der größten Gemeinden Österreichs. Zwei Drittel der gesamten Bodenfläche sind bewaldet. Der Name Grünau erscheint erstmals 1160; 1652 wurde das Seehaus in seiner heutigen Form gebaut. Landwirtschaft und Fischerei waren die Hauptexistenzgrundlagen der Bevölkerung. Bis vor ungefähr 70 Jahren wurde Holz auf Flößen von hier aus bis nach Budapest transportiert. Die Besitztümer Kaiser Franz Josephs wurden mit der Zeit noch vergrößert und sind bis heute Familienbesitz seines Geschlechtes, zum Beispiel der Cumberland-Wildpark und die Cumberland-Kasbergalmstraße.

Sehenswert

Naturschutzgebiet Almsee. — Naturwildpark. In dem etwa 60 Hektar großen Parkgelände leben rund 80 Tierarten in 600 Exemplaren. 12 Kilometer gut gepflegter Wanderwege führen durch den Park, in dem sich eine ethnologische Wildforschungsstelle der Österreichischen Akademie der Wissenschaften unter der Leitung des Nobelpreisträgers Konrad Lorenz befindet. — **Kinderland Schindlbach.**

PINSDORF

Gemeinde, Bezirk Gmunden, Seehöhe: 492 m, Einwohnerzahl: 3.150, Postleitzahl: A-4812. **Auskunft:** Gemeindeamt Pinsdorf, Tel. 07612/3955. **Bahnstation:** Pinsdorf; Busverbindungen mit Gmunden, Vöcklabruck und Neukirchen.

Sehenswert

Der Bauernhügel, Grabstätte der in der letzten Bauernschlacht (1626) gefallenen Bauern.

ST. KONRAD

Gemeinde, Bezirk Gmunden, Seehöhe: 585 m, Einwohnerzahl: 900, Postleitzahl: A-4817. **Auskunft:** Gemeindeamt St. Konrad, Tel. 07615/8029. **Bahnstation:** Scharnstein (7 km); Busverbindungen mit Gmunden und Scharnstein, Almtal.

SCHARNSTEIN

Gemeinde, Bezirk Gmunden, Seehöhe: 488 m, Einwohnerzahl: 3.900, Postleitzahl: A-4644. **Auskunft:** Fremdenverkehrsverband Scharnstein, Tel. 07615/340 (2340). **Bahnstation:** Scharnstein; Busverbindungen mit Wels, Steyr, Gmunden, Grünau.

Sehenswert

Schloß Scharnstein im Renaissancestil erbaut.

TRAUNKIRCHEN

Gemeinde, Bezirk Gmunden, Seehöhe: 422 m, Einwohnerzahl: 1.850, Postleitzahl: A-4801. **Auskunft:** Tourismusverband Traunkirchen, Tel. 07617/2234. **Bahnstation:** im Ort; Busverbindungen mit Gmunden, Linz, Ebensee, Anlegestelle der Traunsee-Schiffahrt.

Die malerische Halbinsel an der Grenze zwischen dem fast düsteren, von jäh aufsteigenden Wänden eingeschlossenen Südteil des Traunsees und der weiten, freundlichen Landschaft des nördlichen Teiles galt den Menschen schon in ältesten Zeiten als heilige Stätte. Im Jahre 1020 wurde hier als Vorposten christlichen Glaubens ein Benediktinerinnenkloster gegründet, welches bis zur Reformationszeit großes Ansehen genoß. Im Zuge der Gegenreformation hielten Jesuiten in den verlassenen Mauern Einzug. Ihre barocken Bauten bestimmen das heutige Bild der Halbinsel. Traunkirchen, zu dessen Gemeindegebiet auch der schöne Badestrand bei Mitterndorf und die freundlichen Ortschaften und Weiler landeinwärts gehören, lädt zum Baden, Wandern und besinnlichen Schauen ein.

Sehenswert

Barocke Pfarrkirche in romantischem Friedhof direkt am See, auf dem auch die Fronleichnamsprozessionen durchgeführt werden. Besonders bemerkenswert ist die holzgeschnitzte **»Fischerkanzel«,** den wunderbaren Fischzug Petri darstellend, von einem unbekannten Meister, 1753. Hochaltar mit reichem Figurenschmuck von Franz Preisl, 1754. Auf dem Johannesberg an Stelle einer heidnischen Kultstätte die barocke **Johanneskapelle.** Rechts vom Eingang ein eingemauerter Römerstein. Knorpelwerkaltar von 1622 und vorzügliches Gemälde eines niederländischen Manieristen, Anfang 17. Jh. Am Südhang in den Fels gehauenes **Heldenmal.**

20 **Wanderung:** Pinsdorf – Hongar, 943 m

Ausgangspunkt: Pinsdorf
Parken: Innergrub
Höhenunterschied: 450 m
Wanderzeit: 4½ Std.
Schwierigkeitsgrad: leicht!
Einkehr: Kronberg, Hongar

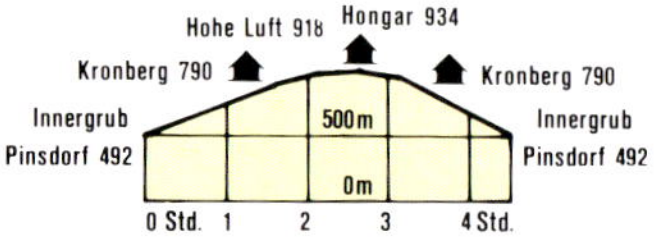

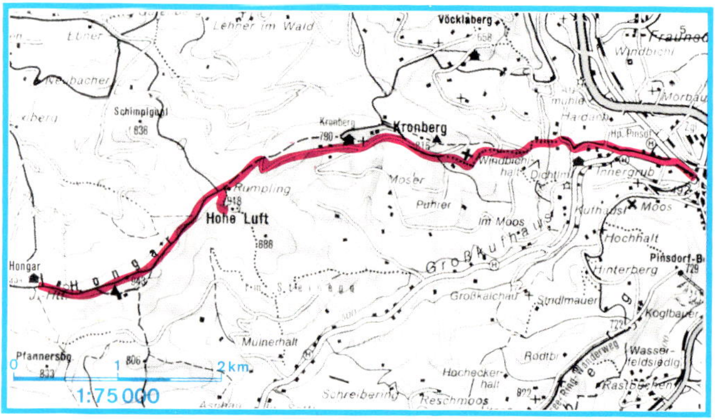

Tourenverlauf: Wer im Frühjahr oder im farbenprächtigen Herbst den Hongar als Ausflugsziel wählt, dem wird diese Wanderung über den langgestreckten Bergrücken zum bleibenden Erlebnis werden. Als Familientour mit Kindern lohnt sich der Wegabschnitt Pinsdorf-Kronberg, 1½ Std., mit prächtiger Aussicht über den Gmundnerberg bis hin zum Wächter des Salzkammerguts, dem Traunstein. – Von der Ortsmitte Pinsdorfs, das durch die oberösterreichischen Bauernkriege 1626 bekannt ist, folgt man wenige Minuten der Straße in Richtung Reindlmühl/Neukirchen bis Innergrub. Dort überquert man die Aurach und benützt den als Traunsee-Ring-Wanderweg ausgeschilderten, außerdem rot-weiß-rot markierten Weg über die Wiese hinauf durch einen Waldstreifen. Nachdem man eine Forststraße gequert hat, passiert man linker Hand eine Holzhütte, überschreitet wenig später abermals die Straße und gelangt nach 1½ Std. auf die Bergwiesen südlich des Kronberggipfels, 815 m. Verfolgt man den Fahrweg, so gelangt man, neuerlich durch Wald, zum Gasthof Kronberg. In westlicher Richtung erreicht der Fahrweg wieder den Kamm und führt bei wechselnden Ausblicken über die Hohe Luft, 918 m, auf den Wiesenrücken des Hongar, 943 m. Im viertelstündigen Abstieg gelangt man zum Gasthof Hongar, 1 Std. von Kronberg. Für den Abstieg ist der Anstiegsweg empfehlenswert, da von Aurach oder Reindlmühl ungünstige Busverbindungen nach Pinsdorf bestehen.

21 **Wanderung:** Traunkirchen (Ebensee) – Hochsteinalm, 907 m

Ausgangspunkt: Traunkirchen oder Ebensee
Parken: Rödbauer oder im Langbathtal
Höhenunterschied: 200 m
Wanderzeit: 1½ Std.
Schwierigkeitsgrad: leicht!
Einkehr: Hochsteinalm

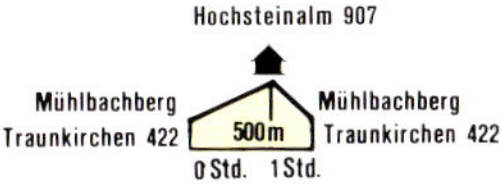

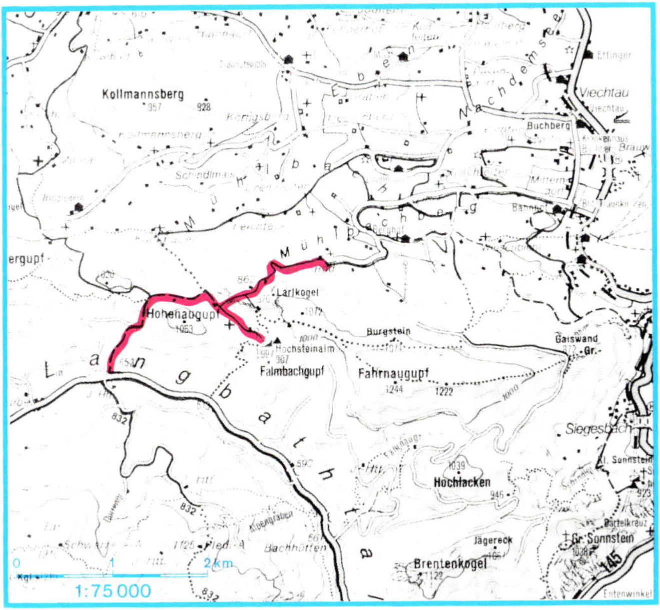

Tourenverlauf: 1,5 Kilometer nördlich von Traunkirchen zweigt man über die Bahnlinie hinauf zum Mühlbachberg ab und kann mit dem Pkw bis zum letzten Bauernhof anfahren. Beim Rödbauern beginnt ein steiniger, breiter Weg, der wie eine Promenade durch herrlichen Hochwald bis auf die weite Lichtung der Hochsteinalm emporführt, wo noch einige Tiere gehalten werden. Über die blühenden Wiesen spaziert man durch die langgezogene Senke hinüber zur zeitweise bewirtschafteten Hochsteinalm, einem beliebten Ziel für Schulausflüge. Nach dem einstündigen Anmarsch schmeckt der hervorragende Apfelmost besonders gut. Für den Rückweg nimmt man den Anstiegsweg.
Etwas länger ist der Zugang vom Langbathtal. Von der Kreh (Straßenkuppe) zieht ein steiler Waldweg (Holztreppen) rot markiert durch einen Graben hinauf in den Sattel westlich des Hohenaugupfs. Nach rechts gewandt erreicht man nach kurzem Abstieg die Wiesen der Hochsteinalm.

㉒ **Rundwanderung:** Langbathseen

Ausgangspunkt: Ebensee
Parken: am Vorderen Langbathsee
Höhenunterschied: 70 m
Wanderzeit: 2 Std.
Schwierigkeitsgrad: leicht!
Einkehr: Langbathsee
Karte: siehe Seite 57

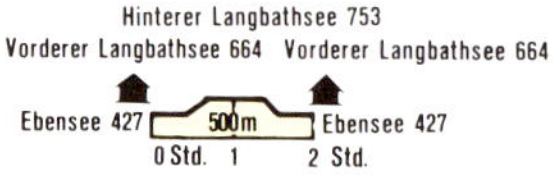

Tourenverlauf: Ein gemütlicher Halbtagesausflug, der zu den landschaftlich eindrucksvollsten Kostbarkeiten des Salzkammerguts führt, ist die Umrundung der beiden Langbathseen. Etwa neun Kilometer muß man mit dem Pkw durch das Langbathtal anfahren, um zum Vorderen Langbathsee zu gelangen. Der Herbst ist für diese Tour die wohl beste Jahreszeit, im Sommer locken jedoch die vielen versteckten Badeplätze an beiden Seen. Vom Parkplatz spaziert man entlang des südlichen Ufers zum Jagdschloß, überquert den Kläuselgraben und erfreut sich an der schattigen Parklandschaft, durch die der Forstweg hinzieht. Nach einer ausholenden Kehre ist es nicht mehr weit bis zum Ufer des hinteren Sees, wo zahlreiche Bänke zum Verweilen einladen. Wer Glück hat, kann die Gemsen beim Wildwechsel beobachten, Wildenten tummeln sich in Ufernähe und zanken sich um das zugeworfene Brotstück. Am Ende des Hinteren Langbathsees führt der Schafluckensteig zum Hochleckenhaus hinauf (nur für Geübte! siehe Bergtour Nr. 23). Auch beim Rückweg, der direkt den Seerand begleitet, ist man von der himmelwärts strebenden Felsszenerie beeindruckt. Am ebenen Fahrweg beschließt man beim Gasthof die Rundwanderung.

㉓ **Bergtour:** Neukirchen bei Altmünster – Taferlklause – Hochleckenhaus, 1.572 m – Brunnkogel, 1.708 m – Schafluckensteig – Htr. Langbathsee – Großalm

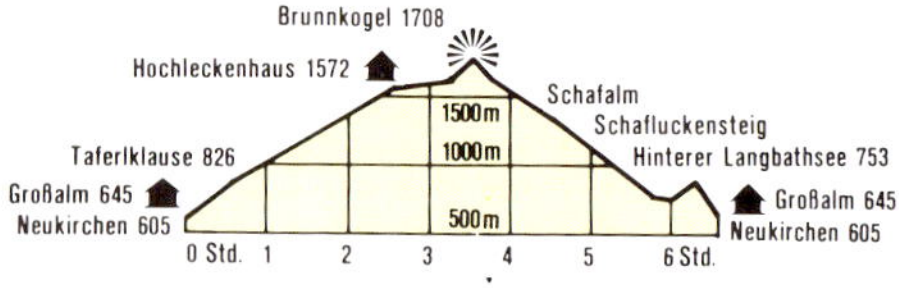

Ausgangspunkt: Neukirchen
Parken: Großalm
Höhenunterschied: 990 m
Wanderzeit: 6½ Std.
Schwierigkeitsgrad: nur für Geübte!
Einkehr: Hochleckenhaus, Großalm

Tourenverlauf: Südwestlich von Neukirchen stellt man den Pkw beim Gasthaus Großalm ab und folgt der Straße bis vor die Taferlklause (bis hierher besteht Busverbindung sowohl von Steinbach am Attersee als auch von Altmünster). Der mit »826« markierte, gut zweistündige Anstieg zum Hochleckenhaus folgt zunächst einem Forstweg, passiert den Aurach-Ursprung und erklimmt in steilen Serpentinen die latschendurchsetzte Felszone. Am Plateau ist das 1980 vergrößerte Hochleckenhaus willkommener Rast- und Einkehrpunkt. Der Rückweg führt über das reich gegliederte Karstplateau in Richtung Brunnkogel. Unterwegs bieten sich weitreichende Blicke zum Dachstein. Von der Abzwei-

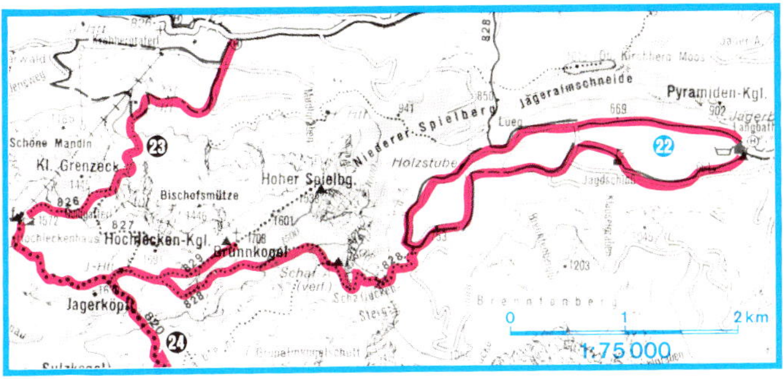

gung zum Brunnkogel, 1.708 m, den man im Zuge dieser Rundtour ersteigen kann, benötigt man eine Stunde. Von der Abzweigung zum Brunnkogel benutzen wir den steilen, steinigen, durch schütteren Wald führenden Weg Nr. 828 hinab zur verfallenen Schafalm. Hier beginnt der im unteren Abschnitt nur für den Geübten empfehlenswerte Schafluckensteig, der zunächst steil über mehrere Serpentinen in eine etwas flachere Mulde und unter teils überhängenden Felswänden hindurch, großteils seilgesichert direkt an das Ufer des Hinteren Langbathsees leitet. Bei der Hinteren Seestube am nördlichen Seerand nehmen wir den kurzen Gegenanstieg zum Lueg, 850 m, in Kauf, um bald darauf beim gegenüberliegenden Gasthaus Großalm einzutreffen.

24 Hochtour: Höllengebirgsdurchquerung (Hochleckenhaus – Riederhütte, 1.759 m – Feuerkogel, 1.594 m)

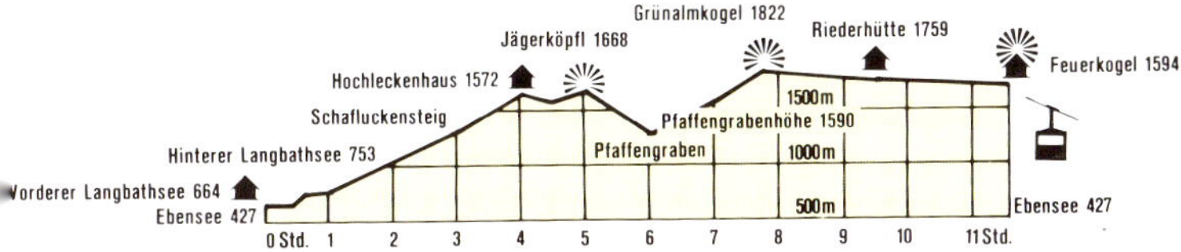

Ausgangspunkt: Ebensee
Parken: Talstation Feuerkogel-Seilbahn
Höhenunterschied: etwa 2.000 m
Wanderzeit: 11½ Std.

Schwierigkeitsgrad: nur für Geübte!
Einkehr: Hochleckenhaus, Riederhütte, Gasthäuser am Feuerkogel
Karte: siehe oben und Seite 58

Tourenverlauf: Von der Talstation der Feuerkogel-Seilbahn gelangt man entweder per Autostop oder mit dem Taxi zum Vorderen Langbathsee. Eine knappe Stunde benötigt man bis zum Beginn des Schafluckensteiges am Hinteren Langbathsee. Durch steile Felspartien wurde hier eine ausgesetzte Steiganlage in den Fels gehauen. Nach der zweiten Steilstufe geht es nun über die Schafalm zum Fuß des Brunnkogels hinauf, der am nahezu ebenen Pfad umgangen wird. Durch Latschengassen, an schneegefüllten Dolinen und verwitterten Kalkfelsen vorbei erreicht man nach gut vier Stunden das Hochleckenhaus (Nächtigung). Bei sicheren Wetterverhältnissen wird man am folgenden Tag das zeitige Losmarschieren nicht bereuen. Im Morgendunst liegt der

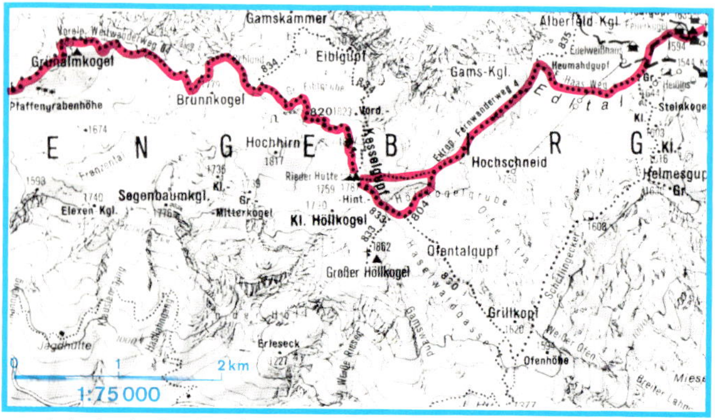

vergletscherte Dachstein vor uns. Der erste Wegabschnitt ist uns bereits vom Vortag bekannt. Doch nördlich vom Jagerköpfl zweigen wir rechts in Richtung Riederhütte ab und müssen etwa 300 Höhenmeter absteigen, um den Pfaffengraben zu durchqueren. Steil und schweißtreibend gibt sich der Gegenanstieg zur Pfaffengrabenhöhe, knapp 1.600 Meter hoch. Entlang des Kammes wird der Grünalmkogel links umgangen, ebenso der Brunnkogel. Die Karsterscheinungen am nun folgenden Wegabschnitt sind beachtenswert, da der Latschenbewuchs der Felswildnis weicht. Nach gut 5 Std. kehrt man durstig bei der Riederhütte ein. Der zweistündige Übergang zum Feuerkogel bietet nur einmal bei der Seilsicherung am Rücken, der zum Gamskogel zieht, eine etwas schwierige Passage. Vom Feuerkogel benützt man die Seilbahn zur Talfahrt.

25 Bergtour: Ebensee – Dielleiten – Ebenseer Hochkogelhütte, 1.558 m – Schönberg (Wildenkogel), 2.093 m

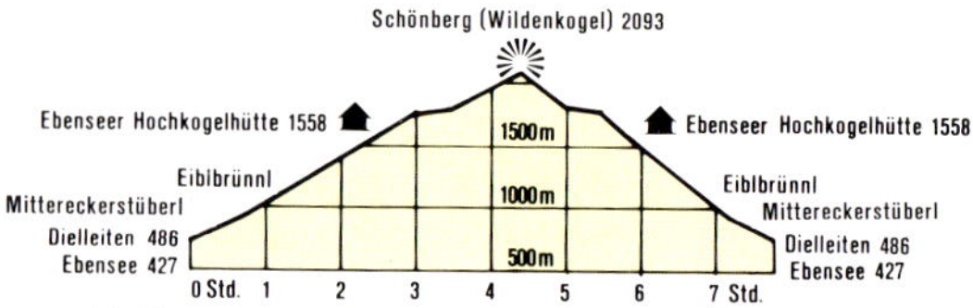

Ausgangspunkt: Ebensee
Parken: Schwarzenbachplatz
Höhenunterschied: 1.330 m

Wanderzeit: $7^3/_4$ Std.
Schwierigkeitsgrad: mittel!
Einkehr: Hochkogelhütte, Mittereckerstüberl

Tourenverlauf: Südlich von Ebensee fährt man mit dem Pkw $2^1/_2$ Kilometer in Richtung Offensee und biegt in Dielleiten rechts ab. Noch 1,5 km darf man auf der Schwarzenbachstraße anfahren. In 30 Min. erreicht man die Materialseilbahn beim Mittereckerstüberl (Jausenstation mit guter Hausmannskost). Mit geschultertem Rucksack folgen wir dem Tälchen entlang des Fahrweges. Der Hinweistafel (Markierung 211) folgend, benützen wir den steilen, serpentinenreichen Waldweg, der im oberen Teil entlang einer Rinne höher zieht, hinauf zum Eibl-

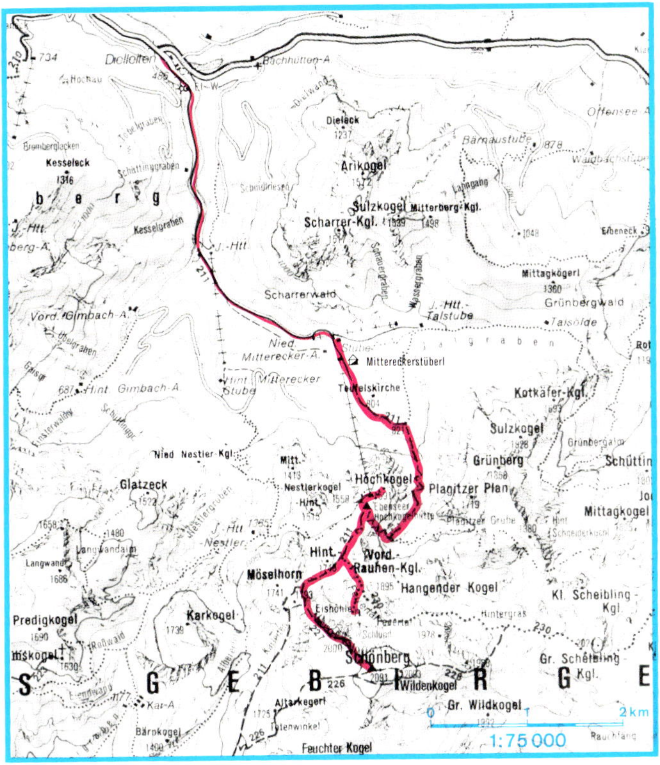

brünnl (³/₄ Std.). Am Weiterweg durch die Latschenzone (Bänke) beeindruckt uns die steile Hochkogel-Ostwand. Nach einem weiteren Steilaufschwung lassen wir die letzten wettergeprüften Bäume hinter uns und erreichen das mit Gesteinstrümmern erfüllte Kar, aus dem wir westlich über die Steilstufe die Hütte erreichen. In wenigen Minuten kann man zum 1.591 Meter hohen Hochkogel hinüber gehen. – Für die Besteigung des Wildenkogels benützen wir zuerst den in Richtung Ischler Hütte führenden Weg Nr. 211, der steil durch Latschenhänge in die Senke hinter den Rauhen Kögeln führt. Wo der breite Rücken nach Osten hochsteigt, biegen wir links ab und wandern zum langen Gipfelgrat an, der bei herrlichem Ausblick über das Feuertal, im letzten Teil seilgesichert, zum höchsten Punkt führt. Von den Ebenseern »Wildenkogel«, von den Steirern »Schönberg« genannt, wird der Gipfel beiden Bezeichnungen gerecht. Nachdem wir im Berggras die verdiente Gipfelrast genossen haben, benützt man den bereits bekannten Weg hinunter zur Hütte (– wer Zeit hat, sollte noch unterwegs einen Abstecher zur Feuertal-Eishöhle machen –) und weiter ins Tal.

㉖ **Bergtour:** Ebensee – Offensee – Rinnerkogelhütte, 1.470 m – Rinnerkogel, 2.012 m

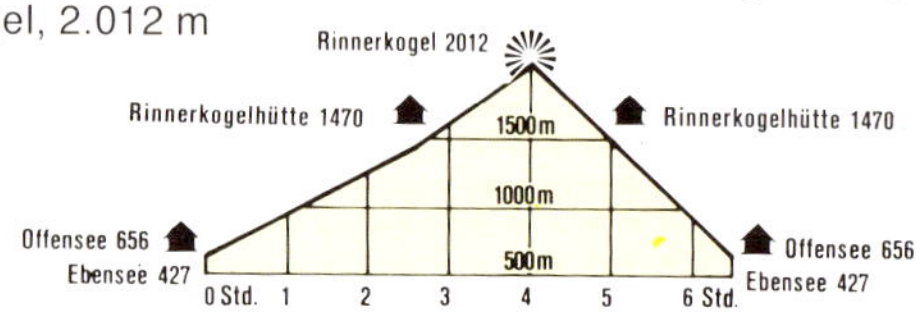

Ausgangspunkt: Ebensee/Offensee
Parken: am Offensee
Höhenunterschied: 1.360 m

Wanderzeit: 6½ Std.
Schwierigkeitsgrad: mittel!
Einkehr: Offensee, Rinnerkogelhütte

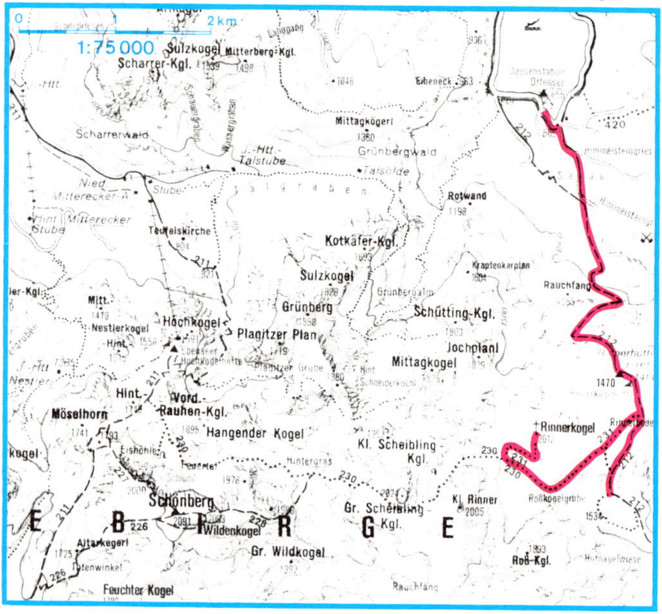

Tourenverlauf: Als Zweitagesausflug bietet sich diese herrliche Bergwanderung jeder bergsteigerisch ambitionierten Familie an. Die Abzweigung von der B 145 (Ebensee–Bad Ischl) zum Offensee ist grün ausgeschildert. Vom großen Parkplatz am idyllisch gelegenen Offensee folgt man der Forststraße etwa 30 Minuten durch Mischwald in den Talschluß, wo man den Rinnerbach überquert. Jetzt beginnt der mit »212« gekennzeichnete Weg steiler zu werden und erreicht nach einer Gehstunde einen Rastplatz unter einer Buche. Über Stock und Stein windet sich der Pfad über zahlreiche Holztreppen höher. Seile und Geländer geben am steilen Fels ein gewisses Maß an Sicherheit. Nun wird der Blick frei – in der Ferne steht der Traunstein, tief unter uns blinkt der Offensee. Durch eine Senke erreicht man die saubere, vom Bergsteigerbund Ebensee errichtete Rinnerkogelhütte. Anderentags empfiehlt sich entweder der Abstecher über den Wildensee, Wildenseealm zum Albert-Appel-Haus, 1.660 m (1½ Std.) oder in derselben Zeit die Besteigung des Rinnerkogels, 2.012 m. Etwa 500 Meter südlich des Rinnerstüberls biegt man beim Wegweiser (blaue Markierung Nr. 231) rechts ab, umrundet den karg bewachsenen Gipfelstock, passiert am Anstiegsweg eine tiefe Doline und steht schließlich vor dem eisernen Gipfelkreuz (mit Gipfelbuch). Nachdem man die Aussicht über das Tote Gebirge bis zum Großen Priel und hinüber zum Dachstein genossen hat, benützt man den Anstiegsweg für die Rückkehr zum Offensee.

27 **Bergtour:** Ebensee/Rindbach – Erlakogel, 1.575 m

Ausgangspunkt: Ebensee
Parken: Rindbach
Höhenunterschied: 1.145 m
Wanderzeit: 5 Std.
Schwierigkeitsgrad: mittel!

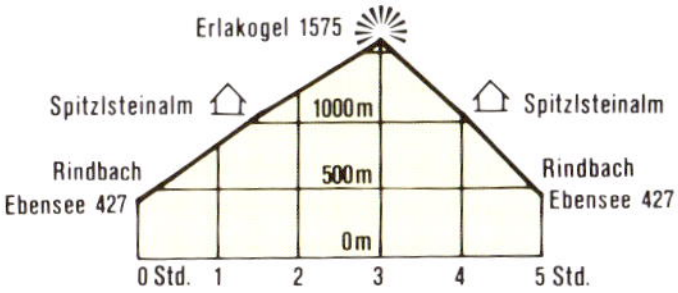

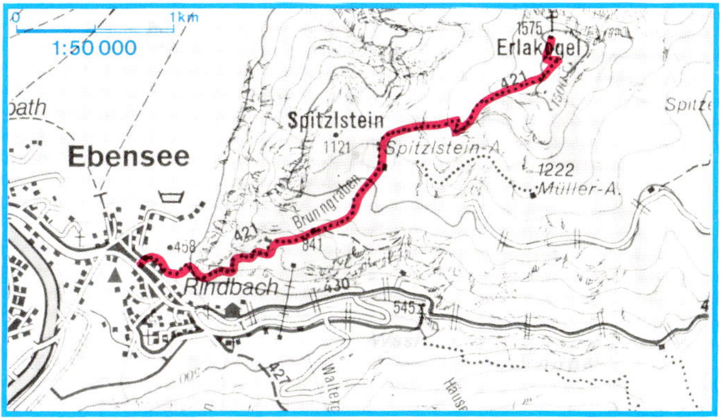

Tourenverlauf: Eine der empfehlenswertesten Touren im Gebiet des Traunsees ist die Besteigung des Erlakogels, 1.575 m, aufgrund seines von Gmunden sichtbaren Profils auch als »Schlafende Griechin« bezeichnet. Von Rindbach gelangt man auf einer Brücke über den Rindbach und zwischen Wohnhäusern hindurch zu einem durch Hangrutschung freigelegten Kalkfelsen. An seiner rechten Begrenzung zieht der schon am Beginn steile Pfad durch Laubwald aufwärts zu einer auffallenden, bauchig überhängenden Felswand. An ihrem Fuß entlang gelangt man durch hohen Laubwald an den Rand eines Holzschlags (Bankerl) und später an den Rand der Wiesen unterhalb der Spitzlsteinalm (Quelle). An der teils verfallenen, unbewirtschafteten Hütte vorbei betritt man ¼ Std. später die 1976 erbaute Forststraße, die man nach einigen Kehren nach rechts verläßt. Durch dichtes Nadelgehölz geht es hinauf zum Kamm, der nach Süden atemberaubend schöne Blicke zum Dachstein freigibt. Über stille Bergwiesen wandern wir durch eine Senke hinauf auf den Sattel, biegen nach einer schneegefüllten Doline links ab und betreten nach kurzem Anstieg über Kalkfelsen den kleinen aussichtsreichen Gipfel. An schönen Herbsttagen kann man bis zum Großglockner und Hochkönig die Fernsicht genießen. Der Abstieg ist mit dem Anstiegsweg identisch.

Blick vom Erlakogel auf Ebensee und Höllengebirge

28 **Wanderung:** Ebensee/Rindbach – Gaßl-Tropfsteinhöhle, 1.211 m

Ausgangspunkt: Ebensee
Parken: Rindbach
Höhenunterschied: 750 m
Wanderzeit: 4 Std.
Schwierigkeitsgrad: leicht!
Einkehr: Gaßl-Tropfsteinhöhle-Hütte

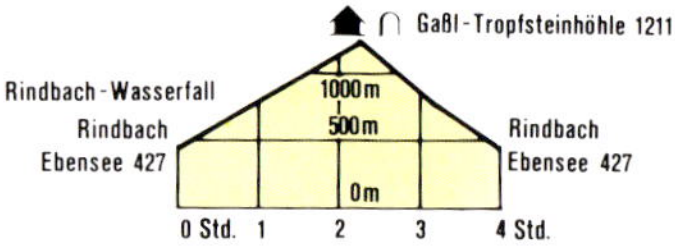

Tourenverlauf: Östlich vom Ortsteil Rindbach stellt man bei der Tafel »Rindbach-Forststraße« sein Fahrzeug ab und folgt dieser etwa ¼ Std. bis zur Abzweigung »Rindbach-Wasserfall«. Über den mit Geländern abgesicherten Steig gelangen wir zur Brücke direkt über dem imposanten Wasserfall. In der Fortsetzung geht es wieder hinauf zur Forststraße, deren untere Kehre wir durch den Besuch des Wasserfalls abgekürzt haben. Einige Bildbäume säumen den Weiterweg, bis man nach ¾ Std. (ab Rindbach) links in das Tal einschwenkt, durch das der mit »424« gekennzeichnete Steig zur Gaßl-Tropfsteinhöhle leitet. Gleich neben dem Unterkunftshaus ist der Eingang zur Höhle, die im August 1918 vom Ebenseer Franz Pergar erstmals befahren wurde. Am 6. August 1933 wurde sie für die Öffentlichkeit zugänglich gemacht,

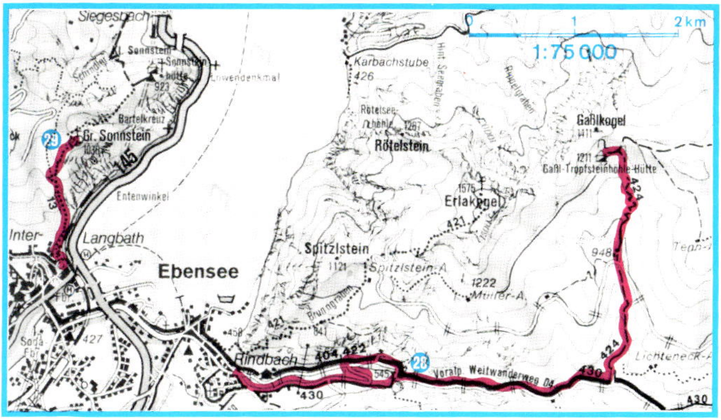

und diente im Zweiten Weltkrieg der SS und später den Amerikanern als Stützpunkt, wobei einige Sinterbildungen zerstört wurden. Führungen finden von Pfingsten bis 15. September an Wochenenden statt, Auskunft erteilt Höhlenführer Helmut Heissl, Strandbadstraße 26, 4802 Ebensee. Schließt man sich der Führung an, so gelangt man in die faszinierende Welt der Bärenschlucht, Kanzel, Herkulessäule und Herkuleswand, zum Adlerflügel und anderen treffend bezeichneten Tropfsteinbildungen. Nach der Besichtigung und Einkehr im Schutzhaus wandern wir in 1½ Std. nach Ebensee/Rindbach zurück.

29 **Bergwanderung:** Ebensee – Großer Sonnstein, 1.038 m

Ausgangspunkt: Ebensee
Parken: Unterlangbath
Höhenunterschied: 610 m
Wanderzeit: 2½ Std.
Schwierigkeitsgrad: leicht!
Karte: siehe oben

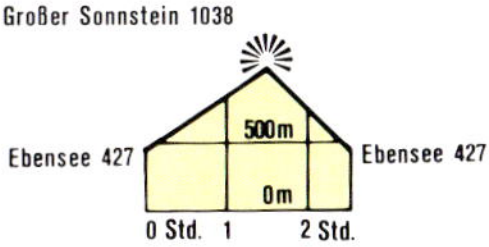

Tourenverlauf: Eine der beliebtesten und abwechslungsreichsten Touren um Ebensee ist die Besteigung des Großen oder Ebenseer Sonnsteins. Diese Route ist auch mit Kindern empfehlenswert, wenngleich man am ausgesetzten Gipfel etwas achtgeben muß. Bei der Kirche und Volksschule im Ortsteil Unterlangbath beginnt der mit »13« bezeichnete Weg (Tafel: Sonnstein 1½ Std.). Durch ein Sträßchen gelangt man zum Waldrand (Bildstock) und über einen breiten Buchenwaldrücken steil hinauf. Im oberen Teil lichtet sich der Mischwald und läßt schöne Tiefblicke auf Ebensee zu. Die letzten Meter führen über Fels hinauf zum Gipfelkreuz, wo man am betonierten Tisch die mitgebrachte Jause verzehren kann. Unterhalb des Gipfels ist eine Felsnadel mit Seilen abgesichert. Blickt man in die Runde, so sieht man den Traunstein, tief unter sich die Traunmündung, die sich tummelnden Segelboote und die Linienschiffe mit ihren langen Bugwellen. Für den Rückweg rechnet man etwa 1 Std.

30 **Wanderung:** Traunkirchen – Kleiner Sonnstein, 923 m

Ausgangspunkt: Traunkirchen
Parken: an der Straße
Höhenunterschied: 490 m
Wanderzeit: 2 Std.
Schwierigkeitsgrad: leicht!
Einkehr: Sonnsteinhütte

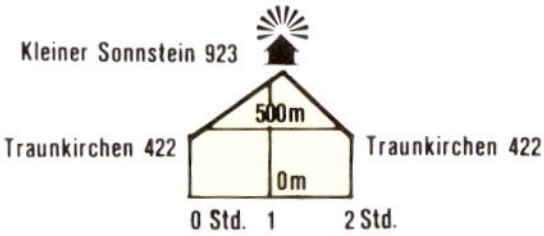

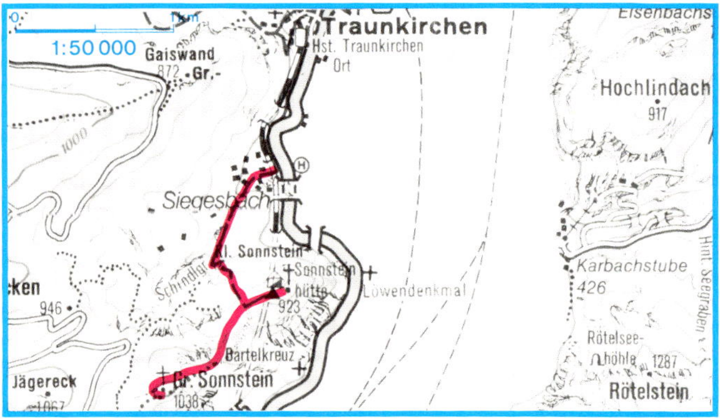

Tourenverlauf: Von den kleinen Parkplätzen an der B 145 – etwa einen Kilometer südlich von Traunkirchen – steigt man über die Stufen zu einigen Häusern hinauf. Der breite Weg führt dort flach zum Waldrand (Bank) und weiter in Bachnähe durch Laubwald empor. Über Wurzelwerk zieht die ausgetretene Spur links hinauf, quert einen Graben (Bach) und erreicht nach einer Gehstunde den Sattel zwischen Kleinem und Großem Sonnstein (Bank). Links beginnt der Gipfelanstieg über abgetretenen Kalkfels hinauf zum Kamm. Etwas links unterhalb klebt die kleine Sonnsteinhütte wie ein Schwalbennest an der Felswand. Vom Gipfel (bei Kindern Vorsicht, Steilabstürze!) bietet sich ein großartiges Panorama hinab zum Traunsee, über den die Segelboote ihre Bahnen ziehen. Am Nordufer liegt Gmunden. Der Traunstein erhebt sich jenseits des Sees. Der Abstieg gleicht dem Anstiegsweg. – Weniger begangen ist die Route vom Sattel hinüber zum Großen oder Ebenseer Sonnstein (¾ Std.). Südwestlich durchschreitet man nach kurzem Anstieg ziemlich eben den Hochwald, überquert mittels Leiter einen Wildzaun und überwindet mit Drahtseilen den letzten Aufschwung zum Felsgipfel (Tiefblick auf Ebensee). Der Rückweg gleicht dem Anstiegsweg nach Traunkirchen oder in einer Stunde nach Ebensee.

31 **Rundwanderung:** Gmunden/Hoisn – Laudachsee – Hohe Scharte, 1.100 m – Mairalm, 789 m – Hoisn

Ausgangspunkt: Gmunden
Parken: Hoisn
Höhenunterschied: 678 m
Wanderzeit: 4 Std.
Schwierigkeitsgrad: mittel!
Einkehr: Hoisn, Laudachseealm, Mairalm
Karte: siehe Seite 66

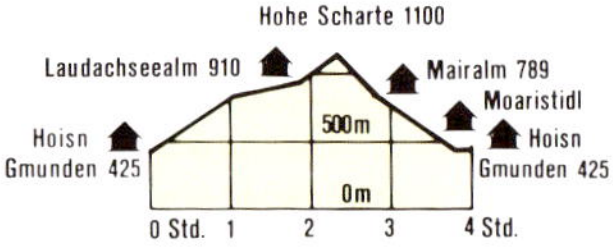

Blick vom Gmundnerberg zum Traunsee

Tourenverlauf: Vom Gasthof Hoisn (Schiffanlegestation, Pkw-Parkplatz) führt ein asphaltierter, steiler Fußweg an der Pferdekoppel vorbei steil hinauf an den Rand eines hohen Jungwaldes. Daneben, im Laubwald, beginnt die gute Beschilderung und der geschotterte Weg, der bei der Abzweigung (rechts geht es zur Kaltenbachwildnis) links über den Lidringbach hinauf zum Dürrenberg zieht. Ein kurzes Stück am Kamm aufwärts steigend gelangt man auf eine Forststraße, die in den vom Grünberg kommenden Weg Nr. 410 einmündet. Ostwärts geht es nun gemütlich entlang der Straße zum Laudachsee. Nachdem man das westliche Ufer verlassen hat, steigt man in Richtung Traunstein an und überwindet unterhalb der Hohen Scharte mittels Drahtseilen die steilen Kalkfelsen (für Kinder Reepschnur vorteilhaft!). (Nach Osten bietet der Abstecher zum Katzenstein für den Geübten schöne Ausblicke auf den Laudachsee – Felsenfenster – der Gipfel wird von Süden erstiegen.) – Von der Hohen Scharte führt der gute Steig mühelos durch den Wald nördlich hinab zum Forstweg, auf dem man talauswärts wandernd die Mairalm (Einkehr) erreicht. Hoch über dem Lainaubach führt die Forststraße bei mäßigem Gefälle talaus, überquert in Traunseenähe die Schlucht und leitet nach den Tunnels in die Traunsteinstraße, die zum Hoisn führt (1 Std. von der Mairalm).

㉜ **Wanderungen:** Gmunden/Hoisn – Kaltenbachwildnis oder Miesweg

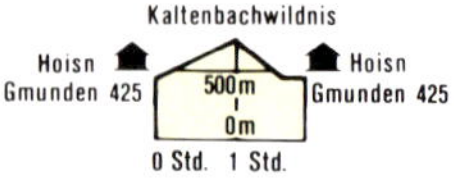

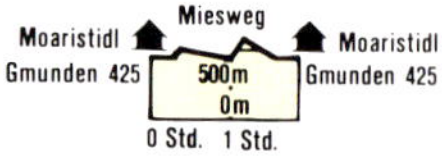

Ausgangspunkt: Gmunden
Parken: Hoisn oder Ende der Traunsteinstraße
Höhenunterschied: 200 und 100 m

Wanderzeit: 1¾ Std.
Schwierigkeitsgrad: mittel!
Einkehr: Hoisn, Moaristidl

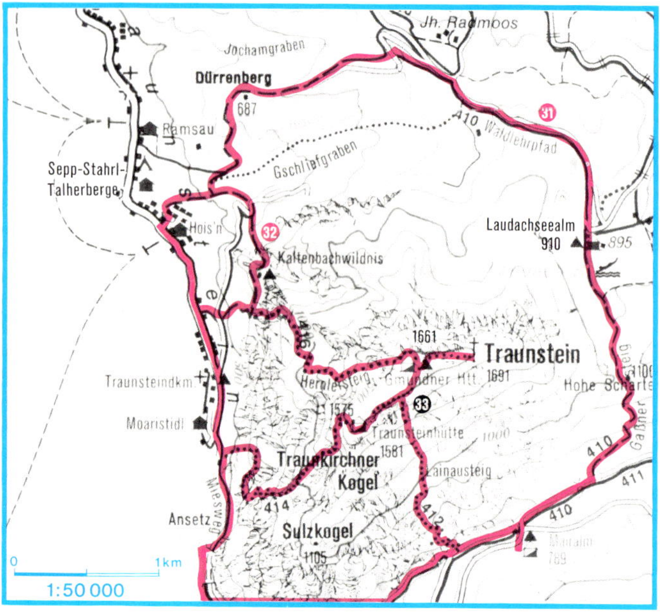

Tourenverlauf: 1. Direkt vom Hoisn steigt man am steilen Fußweg hinauf zum Waldrand, durchquert den Laubwald bis zur Forststraße und folgt in der Kehre der Forststraße dem Hinweisschild »Kaltenbachwildnis«. Direkt unter dem Adlerhorst (Kletterfelsen) spazieren wir unter einem gegen Steinschlag errichteten Dach hindurch in die von einem Bach durchflossene Schlucht. Über Betonstiegen geht es teils seilgesichert höher (Abzweigung über Holztreppen zu einer Bank) und rechts über den Steilhang hinauf zum Kamm (Holzhütte). Bei schönen Ausblicken auf den Traunsee beginnt der Abstieg entlang einer hohen Bergwiese. Kurz nachdem man einige Kalkfelsen am linken Wegrand passiert hat, mündet die Kaltenbachwildnis-Route in den Hernlersteig ein. Über die Hangverebnung gelangt man zur Forststraße, überquert diese und steigt jenseits neben einer Schottergrube steil hinunter zum Traunsee (öffentlicher Strand, Brunnen). Am Haus Traunsteinstraße

Nr. 307d (Sgraffito vom Gmundner Maler Prof. Schicker) vorbei wandert man nördlich zurück zum Gasthof Hoisn.

2. Im Jahre 1978 wurde der Miesweg aus seinem Dornröschenschlaf gerissen, und wieder begehbar gemacht. Von dem Parkplatz beim Traunsteindenkmal (nach dem Haus: links Gedenkkapelle von August Steiniger, dem ersten Kalkbrenner am Traunsee) spaziert man beim Gasthof Moaristidl vorbei zum letzten Haus (Revierförster) und nimmt entweder den Fahrweg oder den Pfad entlang des Ufers (bei höherem Wasserstand nicht begehbar) bis zum ersten Tunnel der Straße zur Mairalm. Rechts biegt man auf den Pfad ein, der nach einem kurzen Aufschwung über Holztreppen, im Abstieg zu der gesicherten Steiganlage direkt über dem Traunsee führt. Nach den glatten, senkrechten Felsen gelangt man zur Mündung des Lainaubaches. Bis zur Brücke der Forststraße muß man steil ansteigen, ehe es durch die Tunnel zurück zum Ausgangspunkt geht.

33 **Klettersteige** am Traunstein, 1.691 m (Naturfreundesteig, Hernlersteig)

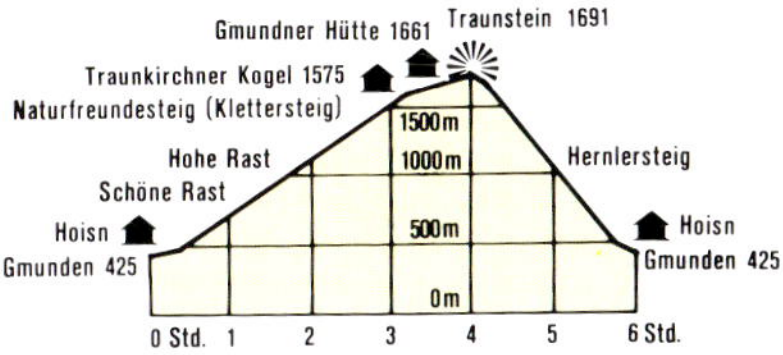

Ausgangspunkt: Gmunden
Parken: Ende der Traunsteinstraße
Höhenunterschied: 1.270 m
Wanderzeit: 6 Std.
Schwierigkeitsgrad: nur für Geübte!
Einkehr: Traunsteinhütte, Gmundner Hütte
Karte: siehe Seite 66

Tourenverlauf: Früher Aufbruch, einige Kondition, alte Lederhandschuhe für den Abstieg am Hernlersteig und feste Bergschuhe tragen zum Gelingen dieser meist unterschätzten Tour auf den »Wächter des Salzkammerguts« bei. Vom Schranken am Ende der Traunsteinstraße geht es einige Minuten am leicht ansteigenden Fahrweg zum Einstieg des 1929 eröffneten Naturfreundesteiges (Schwierigkeitsgrad je nach Verhältnissen I–II). Kurz nach dem Verlassen des Waldes geht es gleich über Eisenleitern hinauf zu einem Grat, zur »Schönen Rast«. Über ein teils luftiges Band quert man in die Westflanke. Bis zum Pechgraben zieht sich der Weg über einige Serpentinen hin, unter glatten Felswänden quert man zu einer weiteren Leiter, zum »Überstieg«. Endlich folgt ein etwas mehr bewachsenes Gelände, wodurch der Anstieg wieder leichter vonstatten geht. Bei der »Hohen Rast« erblickt man bei Schönwetter den Dachstein. Hier beginnt auch der Krummholzgürtel, durch den wir auf einen Grat ansteigen. Links quert man ein schutterfülltes Kar und steht unmittelbar unter steilen, himmelstrebenden Felspfeilern. Der nachfolgende Wegabschnitt nach dem Felsentor läßt die Gipfelnähe bereits ahnen und kurz darauf steht man auch schon vor dem Naturfreundehaus am Traunkirchner Kogel. Über die Hochfläche spazieren wir an der Abzweigung zur Mairalm (Abstiegsmöglichkeit!)

Blick vom Naturfreundesteig auf Gmunden

vorbei in 30 Minuten zum Traunsteinkreuz empor. Zur Gmundner Hütte zurückgekehrt, nehmen wir den Abstieg über den Hernlersteig vor. Durch den Käshofer Graben und den langen Brandgraben geht es teils durch Latschen und abgeschmierte Kalkrippen (Vorsicht bei Nässe!) direkt an den Traunsee hinunter. Wo man auf den Forstweg trifft, spaziert man links hinüber zum Traunsteindenkmal und Parkplatz.

34 **Bergwanderung:** St. Konrad – Schrattenau – Steineck, 1.418 m

Ausgangspunkt: St. Konrad
Parken: Schrattenau
Höhenunterschied: 440 m
Wanderzeit: 2¾ Std.
Schwierigkeitsgrad: mittel!
Karte: siehe Seite 69

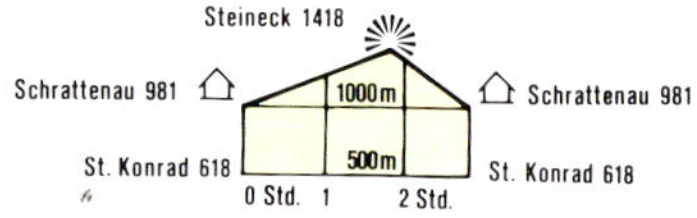

Tourenverlauf: Eineinhalb Kilometer östlich von St. Konrad biegt man beim Weiler Straß (Bushaltestellenhäuschen) rechts ab und benützt den 3 km langen Fahrweg über den Dürrnberg bis zu einem Schranken, ½ Std. vor den Jagdhütten der Schrattenau, 981 m. Hier beginnt die Forststraße, der man bis zum Hinweisschild »Wasserschutzgebiet« folgt. Rechts geht der mit einem roten Pfeil markierte Steig ab, der sich zusehends verengt und südwestlich durch den Hochwald bergan führt. Im oberen Teil gelangt man ziemlich eben in den Latschengürtel und auf den Kamm. Rechts gelangt man zum Hauptgipfel (gute Sicht zum Traunstein und nach Scharnstein). Der Abstieg gleicht dem Anstiegsweg.

35 **Bergwanderung:** Grünau – Zwillingskogel, 1.402 m

Ausgangspunkt: Grünau
Parken: Bahnhof Grünau
Höhenunterschied: 870 m
Wanderzeit: 4½ Std.
Schwierigkeitsgrad: mittel!

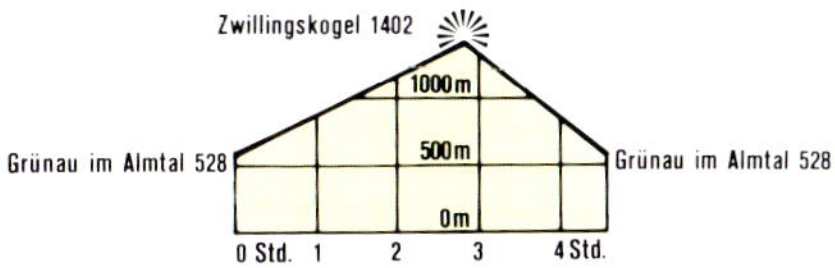

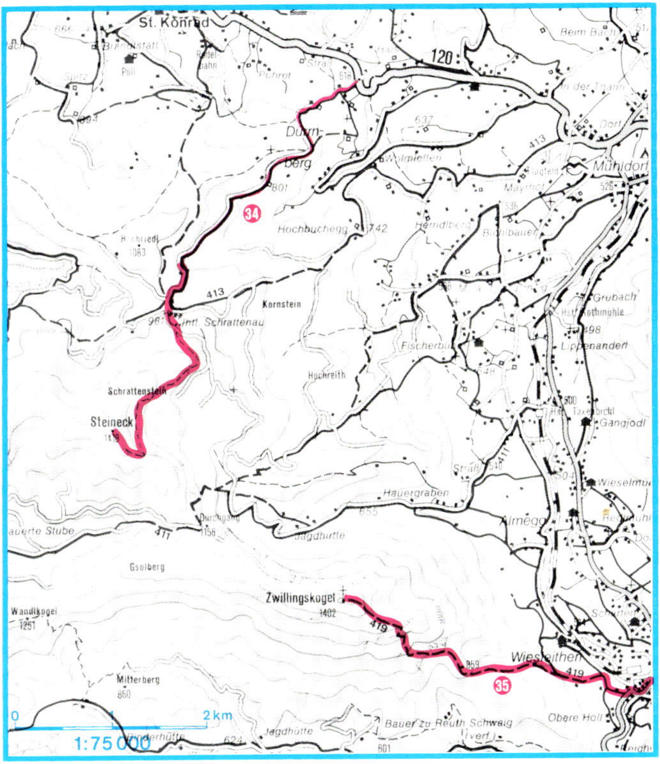

Tourenverlauf: In der östlichen Verlängerung des Traunsteins bildet der Zwillingskogel die letzte Erhebung vor dem Almtal. Südlich vom Bahnhof folgt man der Straße entlang der Alm und biegt nach 150 Metern zur Schießstätte ab (Markierung rot-weiß, Nr. 419). Nach einem kurzen Steilaufschwung wird der Forstweg wieder flacher. Wo man den gegen Süden streichenden Kamm erreicht, findet man überraschend Aussicht vor. Nun wechseln wir auf die Südseite, passieren den Fuß einiger oberhalb von uns liegender Felswände und erklimmen in zahlreichen Serpentinen den Gipfelvorbau, ehe wir das Kreuz erreichen. Zwischen den Kalkfelsen läßt es sich herrlich rasten, während man die weitreichende Aussicht in das Alpenvorland genießt. Abstieg wie Anstieg.

36 **Wanderung:** Grünau – Sepp-Huber-Hütte, 1.506 m – Kasberg, 1.747 m

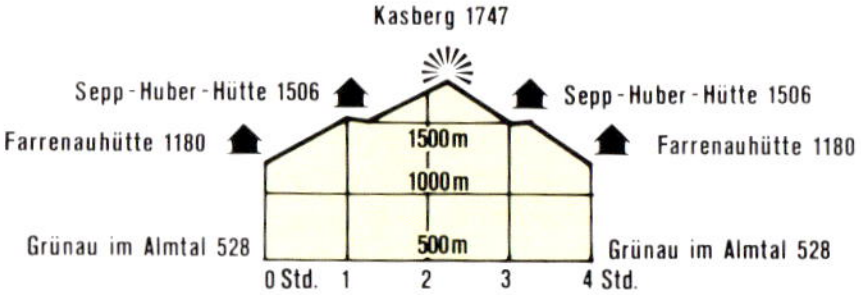

Ausgangspunkt: Grünau
Parken: Hochberghaus
Höhenunterschied: 630 m
Wanderzeit: 4 Std.

Schwierigkeitsgrad: leicht!
Einkehr: Hochberghaus, Farrenauhütte, Sepp-Huber-Hütte

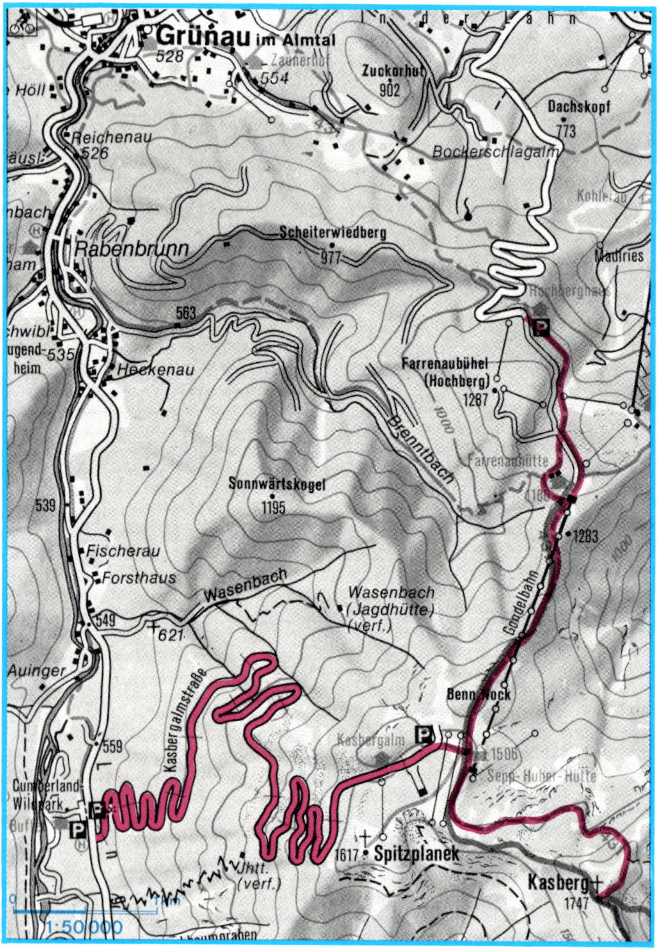

Blick vom Kasberg zum Toten Gebirge und Dachstein

Tourenverlauf: Zu den Sehenswürdigkeiten, die in der Nähe Grünaus auf den Besuch des Gastes warten, gehört der Cumberland-Wildpark, der auf 60 Hektar die in den Alpen heimischen Tiere zeigt (Öffnungszeiten: April bis Oktober, 9 Uhr bis zum Einbruch der Dunkelheit, November bis März nur nachmittags und am Wochenende ganztags).
Eine andere Sehenswürdigkeit ist der leicht besteigbare Kasberg. 2,5 Kilometer östlich von Grünau zweigt bei Enzenbach die Straße zum Hochberghaus ab. Vom Parkplatz weg benützen wir entweder den Fußweg oder die Zufahrtsstraße zur Farrenauhütte. Wenig später gelangt man auf den aussichtsreichen, nach Süden ansteigenden Kamm (Traunsteinblick), der den Zugang zur Sepp-Huber-Hütte (erbaut 1939, erweitert 1949, Selbstbedienung) vermittelt. Der 1¼ Std. Gipfelanstieg führt uns an Baumgruppen vorbei weiter südlich; wir queren nach Osten hinüber, überwinden zwei mit Drahtseilen gesicherte Stellen und befinden uns in Latschenfeldern. Über ein kleines Plateau mit 8 Dolinen steigt man zur Wegverzweigung (Steyrerhütte – Kirchdorfer Hütte – Steyrling) an und betritt nach 50 Metern den Kasberg-Gipfel, 1.747 m. (Dachsteinblick!) Hier steht man den Felsfluchten des Toten Gebirges geradezu gegenüber. Der Rückweg gleicht dem Aufstieg. – Wer einen kürzeren Anstieg wählen will, kann auch vom Cumberland-Wildpark über die Mautstraße zur Sepp-Huber-Hütte anfahren.

❸⑦ **Bergtour:** Almtal – Almsee – Pühringerhütte, 1.638 m

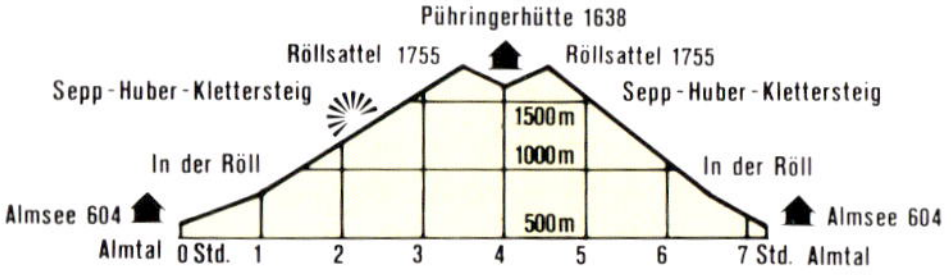

Ausgangspunkt: Almtal
Parken: Seehaus
Höhenunterschied: 1.030 m

Wanderzeit: 7¼ Std.
Schwierigkeitsgrad: nur für Geübte!
Einkehr: Pühringerhütte, Seehaus

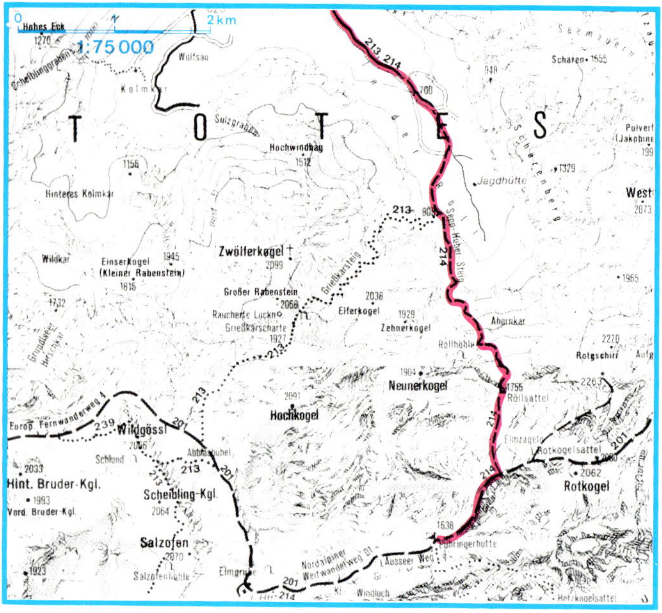

Tourenverlauf: In herrlicher Umgebung liegt der Almsee (mit schwimmender Insel) am Fuß des Toten Gebirges, ein gern besuchtes Ausflugsziel. Für den Spaziergeher sind die Stege und Pfade quer durch den Schilfgürtel des Naturschutzgebietes ein eigenes Erlebnis. (Die Wanderung rund um den Almsee nimmt etwa 1½ Std. in Anspruch.)
Der geübte Bergsteiger wird den Almsee als Ausgangspunkt für die Tour zur Pühringerhütte (Weg Nr. 213, 214) wählen. Zunächst gibt sich der Weg einfach. In einer Stunde wandert man bequem auf der Forststraße durch Mischwald und über große Schotterflächen in der Röll, wo zwei aus Karstquellen entspringende Bäche über die Felsstufe zu Tal tosen. (Hier befindet sich die Abzweigung Grießkarsteig.) Wir benützen jedoch den gerade im Frühsommer, zur Zeit der Alpenrosenblüte, prachtvollen Sepp-Huber-Steig, einen Kletterpfad, der im Toten Gebir-

ge seinesgleichen sucht. Durch den nahezu unüberwindbar scheinenden Talschluß turnt man über Leitern und Seilsicherungen in gut 2 Std. hinauf in den Röllsattel, 1.755 m. Plötzlich stehen wir am Rand der sprichwörtlichen Einsamkeit des Toten Gebirges. Über verwitterte Kalkfelsen spaziert man am leicht fallenden Weg an der Geiernestquelle vorbei in südwestliche Richtung zur Pühringerhütte am Elmsee, 1.638 m. Beim Abstieg über den Sepp-Huber-Steig ist Vorsicht geboten (nicht für Kinder geeignet). Andere Anschlußtouren von der Pühringer Hütte siehe Wanderungen 63 und 65. Als Abstiegsvariante bietet sich auch der Ausseer Weg zum Großen Priel und über die Welser Hütte ins Almtal an.

38 **Rundwanderung:** Almtal – Almtaler Haus, 714 m – Ödseen

Ausgangspunkt: Almtal
Parken: Almtaler Haus
Höhenunterschied: gering
Wanderzeit: 1½ Std.
Schwierigkeitsgrad: leicht!
Einkehr: Almtaler Haus

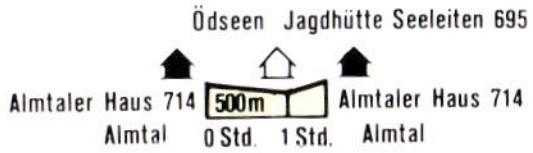

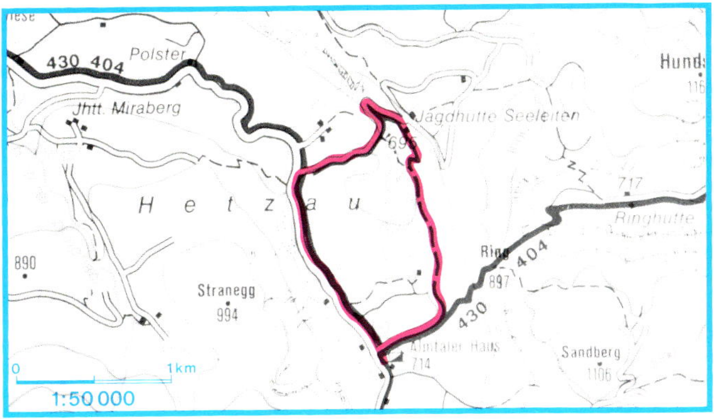

Tourenverlauf: Bei der Fahrt von Grünau zum Almsee biegt man beim Gasthof Jagersimmerl links ab und erreicht nach weiteren fünf Kilometern das Almtaler Haus (Parkplatz). Von dort folgt man dem Weg etwa fünf Minuten nach Osten und schwenkt sodann links auf den Pfad zum Kleinen Ödsee ein. An seinem Ufer kann man an heißen Sommertagen ein erfrischendes Bad nehmen. Als Wanderer gelangt man jedoch nicht bis zum Ufer, sondern hält sich oberhalb und durchschreitet den Pfad zum Großen Ödsee. Entlang des Ufers, in dem sich Großer Priel und Schermberg spiegeln, spaziert man zur Jagdhütte Seeleiten (Staumauer für private Stromerzeugung). Entlang der Forststraße westwärts wandernd, erreicht man wieder das bewaldete Ufer des Großen Ödsees. ¼ Std. später treten wir auf die Straße hinaus, die man links in 20 Minuten bis zum Almtaler Haus verfolgt. Jedem wird die vorzügliche Jause schmecken, die in und vor der Hütte serviert wird.

㊴ **Zweitagestour:** Almtaler Haus – Welser Hütte, 1.815 m – Großer Priel, 2.515 m

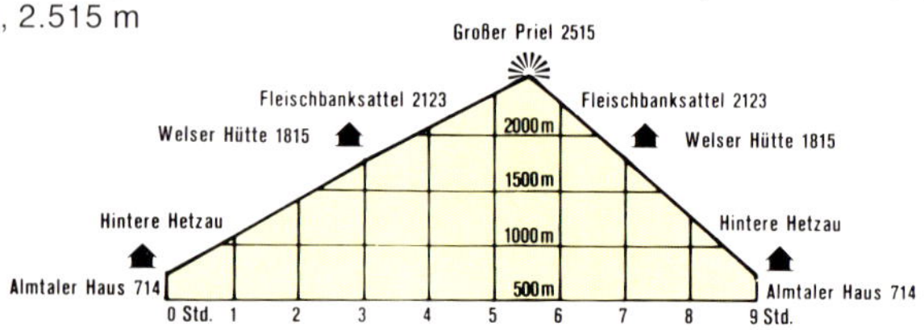

Ausgangspunkt: Almtal
Parken: Almtaler Haus
Höhenunterschied: 1.800 m

Wanderzeit: 9 Std.
Schwierigkeitsgrad: nur für Geübte!
Einkehr: Almtaler Haus, Welser Hütte

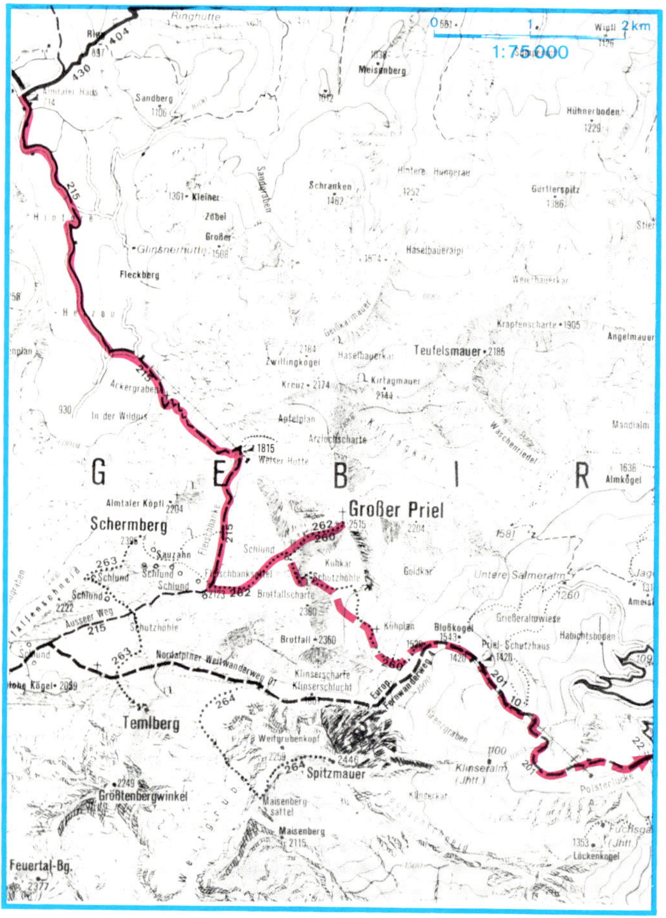

Blick von der Polsterlucke zur Spitzmauer (l.) und zum Großen Priel (r.)

Tourenverlauf: Von Grünau kann man mit dem Pkw über den Jagersimmerl bis zum Almtaler Haus anfahren. Hier beginnt der Forstweg nach Süden (Markierung 215) in die Hintere Hetzau, wo man nach ¾ Std. zur Talstation der Materialseilbahn zur Welser Hütte gelangt. Nun beginnt der Steig, der vorerst durch Mischwald führt, uns der Felsstufe näher zu bringen. Durch eine Felsschlucht geht es aufwärts, und über mächtige Felsstufen zügig hinauf zur geräumigen Welser Hütte, 1.815 m, am Fuß der gebänderten Priel-Nordwand. Am nächsten Tag beginnt man frühzeitig (Getränke mitnehmen!) nach kurzem Abstieg durch die Grassenke den Gipfelanstieg hinauf zu dem Felskar, »Teicheln« genannt. Die glatten Felswände der Fleischbank und des Sauzahns begleiten uns beim Anstieg durch das latschendurchsetzte Hochtal. Über die ausgesetzten Kalkplatten hilft uns eine gute Seilsicherung hinweg. Beim Fleischbanksattel (Wegkreuz) wenden wir uns nach links und nehmen den mit »262« gekennzeichneten Steig hinauf zum Westgrat des Großen Priels, der mühelos begangen werden kann. Im Frühjahr muß man jedoch auf die Schneewächten achten. Vom Gipfelkreuz bietet sich eine umfassende Aussicht über die Spitzmauer und Polsterlucke bis über das Plateau des Toten Gebirges. Für den Abstieg benützt man denselben Weg oder die Variante zum Priel-Schutzhaus, zur Polsterlucke und weiter nach Hinterstoder (Bahnstation).

Hallstatt

Hallstatt – Bad Ischl – Dachstein

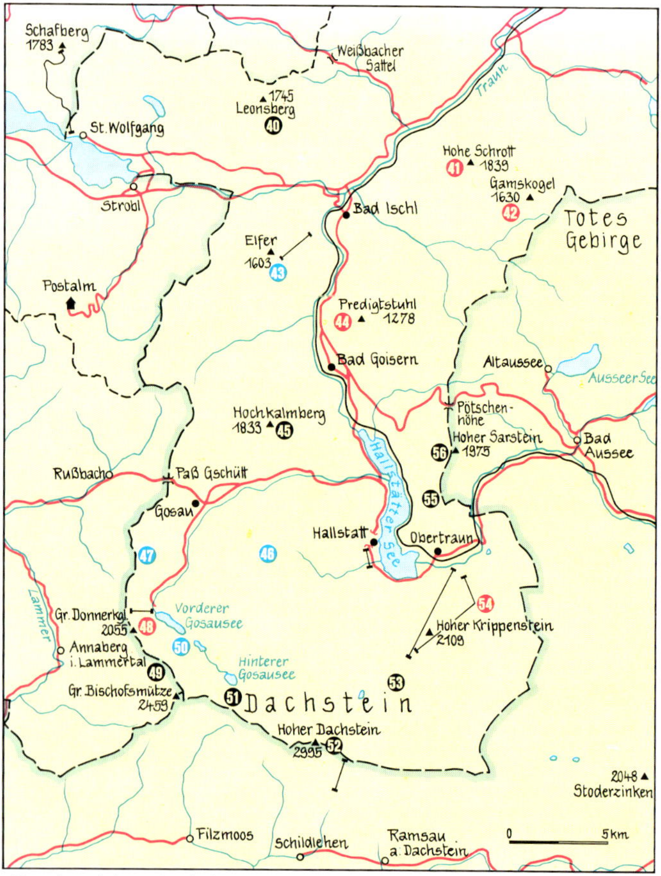

● Fremdenverkehrsverband, Verkehrsverein — Straße — Eisenbahn
— — — Landesgrenze - - - - - Bezirksgrenze (41) Lage der beschriebenen Wanderwege

Geologisch ist das südliche Salzkammergut den Nördlichen Kalkalpen zuzurechnen. Die reizvollen Gegensätze im Landschaftsbild finden ihre Erklärung in der Vielfalt der Gesteine und dem komplizierten geologischen Bau des Gebietes. Deutlich springen die Unterschiede zwischen den hier vorherrschenden mesozoischen Kalken ins Auge. Dachstein und Totes Gebirge sind im großen und ganzen ähnlich gebaut.
Das Salz wird durch Auslaugen im »Haselgebirge«, einem brekzienartigen Gemenge aus Ton, Gips, Salz und Anhydrit gewonnen, das am Sandling und Plassen in mächtigen Stöcken auftritt. Sehr bedeutend ist

heute bereits der 1950 bei Gößl am Grundlsee eröffnete Gips- und Anhydritabbau. In der Eiszeit wurde die ganze Landschaft durch die Gletscher überformt. Sie räumten aus Tälern und Becken die weichen Gesteine aus und transportierten das lockere Material weit nach Norden bis in das Alpenvorland. Bei ihrem allmählichen Rückzug in das Gebirge lagerten sie auch hier Moränenschutt in großer Menge ab. In den von den Gletscherzungen übertieften und von Erdmoränenwällen abgedämmten Zungenbecken entstanden nach dem weiteren Abschmelzen des Eises die zahlreichen Seen, die so viel zur landschaftlichen Schönheit und Eigenart des Salzkammergutes beitragen.
Die öde Karstlandschaft, die sich auf die höchsten Regionen beschränkt, geht nach unten in die Alm- und Krummholzzone über. Während die Almwirtschaft sehr stark zurückgeht, werden die weiten, in tiefen Lagen bunt gemischten Wälder, die die Sockel der Gebirge überziehen, nach wie vor forstlich gut gepflegt. Sie sind zu einem großen Teil in der Hand des Staates.

Ortsbeschreibungen:

BAD GOISERN

Marktgemeinde, Bezirk Gmunden, Seehöhe: 500 m, Einwohnerzahl: 6.750, Postleitzahl: A-4822. **Auskunft:** Kurverwaltung Bad Goisern, Tel. 06135/8329-0. **Bahnstation:** Bad Goisern, Goisern-Jodschwefelbad, Steeg-Gosau, Gosaumühle; Busverbindungen mit Bad Ischl, Gosau, Bad Aussee.
Bergbahnen: Sessel- und Schlepplifte.

Die Gemeinde umfaßt nahezu den ganzen Talabschnitt des Trauntales zwischen Hallstätter See und Ischler Becken und setzt sich aus einer Vielzahl kleiner, weit verstreuter Ortschaften und Weiler zusammen. Ortskern und Kurbezirk liegen in einer Talweite, die den sonst vorherrschenden Ernst der Landschaft mildert. Einst begründeten fleißige Handwerker Goiserns weltweiten Ruf durch ihre in solider Handarbeit hergestellten, genagelten Bergschuhe, die von den Einheimischen seit alters geschätzt, im Zeichen des Alpinismus als »Goiserer« zum Begriff wurden. Ob es auf die seit Hans Sachs den Schuhmachern zugeschriebene Neigung zum Sinnieren oder auf den Einfluß der Bergleute und die relative Abgeschlossenheit der Talschaft zurückzuführen ist, daß Luthers Lehre hier trotz harter Verfolgung nicht ausgelöscht werden konnte, sei dahingestellt. Jedenfalls gründeten die Goiserer gleich nach Verkündigung des Toleranzpatentes Josephs II. eine starke evangelische Gemeinde. Im Laufe des 19. Jh.s wurden Goiserns Schätze entdeckt. Zuerst die Schönheit seiner romantischen Landschaft durch die Künstler, dann die Heilkraft seiner Quellen durch die Ärzte. Auf ihnen beruht der Aufschwung zum modernen Fremdenverkehrs- und Kurort mit Sommer- und Wintersaison bzw. ganzjährigem Kurbetrieb.

Sehenswert

Pfarrkirche. Spätgotische Saalkirche, im 19. Jh. erweitert. Schöner Barockaltar, 1691 von einem Gmundner Bildhauer angefertigt. Altarbild Mitte 19. Jh. Wertvolle, doppelseitig bemalte Bildtafeln, um 1495, aus der Werkstatt Frueauf dem Älteren, Salzburg. – **Kirche St. Agatha,** ältester Bauteil aus dem Jahr 1400, Schiff 1583 erbaut. Hochaltar mit bemerkenswerter Kalvarienberggruppe, um 1715, aus dem Kreis Guggenbichlers. Seitenaltäre um 1674; Chorgestühl und Glocken spätgotisch. – **Profanbauten:** Gasthof Post, Perndannerhaus, Färberhaus, Goiserer Mühle, Bundesforstverwaltung (ehemals Schloß Neuwildenstein), Agathawirtshaus. – Interessante, aber nicht für das Publikum erschlossene **Höhlen,** die auf eigene Gefahr begangen werden können, sind: die Kalmoskirche am Kalmberg, alter Zufluchtsort der Protestanten während der Gegenreformation; das Schwarzenbachloch bei Pichlern mit kleinem See; das Höllenloch bei Anzenau (schwierig zu begehen). – Kräutergarten – **Holzknechtmuseum. – Heimatmuseum.**

Ansicht von Bad Goisern

BAD ISCHL

Stadt, Bezirk Gmunden, Seehöhe: 469 m, Einwohnerzahl: 13.700, Postleitzahl: A-4820. **Auskunft:** Kurdirektion Bad Ischl, Tel. 06132/3341-0 und Fremdenverkehrsverband Bad Ischl, Tel. 06132/3520-0 und 7757-0. **Bahnstation:** Bad Ischl; Busverbindungen mit Strobl, Salzburg, St. Wolfgang, Gmunden, Linz, Bad Aussee, Bad Goisern, Gosausee, Weißenbach, Unterach.

Bergbahnen: Katrin-Kabinenseilbahn, Doppelsessellift-Siriuskogel.

Ischl, das Herz des Salzkammergutes, erhielt bereits 1466 das Marktrecht, der Salzbergbau wurde 1563 eröffnet. Den weltweiten Ruf, den der Markt als ältestes Solebad Österreichs im Laufe des 19. Jh.s gewann, verdankt er jedoch nicht allein der Heilkraft der Sole, seiner Quellen und seines Reizklimas, sondern auch der nicht abreißenden Kette prominenter Gäste, an deren Spitze Kaiser Franz Joseph I. stand. Sie trugen auch ein Stück der großen Welt in die kleine Welt dieses Kurortes, der trotz aller Veränderungen noch einen Hauch der traulich-biederen Behaglichkeit jener Zeiten ausströmt. Bad Ischl bietet ganzjährig Trink- und Badekuren verschiedenster Art, die dank der ungewöhnlich reichen Möglichkeiten an Spaziergängen auf bequemen Wegen vorteilhaft mit Terrain- und Luftkuren verbunden werden können. Aber auch der gesunde Gast wird sich in dem kleinen Städtchen mit seinem abwechslungsreichen Sport-, Kultur- und Unterhaltungsprogramm wohlfühlen.

Sehenswert

Pfarrkirche, Turm gotisch, sonst 2. Hälfte 18. Jh. Altarbilder von L. Kupelwieser im Stil der Nazarener, 1847–1851. Römischer Grabstein an der Turmwand. Spätbarocke Kalvarienbergkirche. – **Profanbauten: Grazer Str. 8** mit Renaissancehof; »**Plassmühle**« mit schönen Galerien, 1607; **Esplanade Nr. 10** mit Rokokoschauseite. – Aus dem 19. Jh.: **Trinkhalle, Theater, Saline. – Neues Kurmittelhaus** von Clemens Holzmeister. – **Kaiservilla** im Kaiserpark, ursprünglich Biedermeierlandhaus, in der 2. Hälfte des 19. Jh.s umgestaltet. Darin Museum mit Einrichtung, Gemälden und Erinnerungsstücken dieser Zeit. – **Lehàrvilla** mit Lehàrmuseum. – **Oskar-Strauß-**Arbeitszimmer. – Städtisches Museum und Heimatmuseum. – Grubenbesichtigung des **Salzbergwerkes,** Einfahrt bei Perneck. – Österreichisches **Fotomuseum** im ehemaligen »Marmorschlößl« im Kaiserpark.

GOSAU

Gemeinde, Bezirk Gmunden, Seehöhe: 779 m, Einwohnerzahl: 1.900, Postleitzahl: A-4824. **Auskunft:** Fremdenverkehrsverband Gosau, Tel. 06136/295. **Bahnstation:** Steeg-Gosau (14 km); Busverbindungen mit Steeg, Gosaumühle, Bad Ischl, Hallstatt, Obertraun, Gosausee, Abtenau, Golling.
Bergbahnen: Gosaukammbahn, Sessel- und Schlepplifte.

Sehenswert

Pfarrkirche, erbaut um 1500, aber in der heutigen Form ebenso wie die evangelische Kirche hauptsächlich aus der 2. Hälfte des 19. Jh.s. – **Gosauschmied,** altes Bäckerei- und Mühlengebäude aus dem 16. Jh. – **Kalvarienbergkapelle,** 2. Hälfte des 18. Jh.s. – Landschaftlich besonders schön sind die **Gosauseen.** (Siehe auch Talwanderung Nr. 50.)

HALLSTATT

Marktgemeinde, Bezirk Gmunden, Seehöhe: 508 m, Einwohnerzahl: 1.100, Postleitzahl: A-4830. **Auskunft:** Fremdenverkehrsverband Hallstatt, Tel. 06134/208. **Bahnstation:** Hallstatt; Schiffsverbindungen mit Hallstatt-Bahnhof und Hallstatt-Markt; Busverbindungen mit Bad Ischl, Gosau, Dachsteinseilbahn.
Bergbahn: Salzberg-Seilbahn.

Ganz dicht drängen sich die schönen Häuser der schon 1311 urkundlich als Markt erwähnten Siedlung auf einem kleinen, in den See vorspringenden Schwemmkegel zusammen und müssen auch noch von der schmalen Uferzone an den felsigen Hängen emporklettern. Der Fremdenverkehrsort hat ein einzigartig malerisches Ortsbild. Daß sich Hallstatt an einer so siedlungsfeindlichen Stelle entwickeln und behaupten konnte, verdankt es allein dem Salz, das ihm auch den Namen gab (Hall = Salz). Etwa 300 m oberhalb des Marktes öffnet sich das kleine Hochtal der Ortschaft Salzberg. Dort befinden sich das älteste Salzbergwerk der Welt und Reste urgeschichtlicher Siedlungen mit dem berühmten Gräberfeld der älteren Eisenzeit, nach dessen reichen Funden der Begriff »Hallstattkultur« geprägt wurde.

Sehenswert

Pfarrkirche. Große spatgotische Hallenkirche mit Netz- und Sternrippengewölbe. Südturm spätromanisch mit bemerkenswertem Stabwerktor, Turmhaube aus dem 18. Jh. Glanzstück der Kirche ist der spätgotische Schnitzaltar mit Reliefs von Lienhard Ast, 1510–1520, der zu den bedeutendsten seiner Art zählt. – In der **Totenkapelle** (Beinhaus mit bemalten und beschriebenen Totenschädeln) Schnitzstatuen Maria und Johannes, Anfang des 16. Jh.s. – **Kalvarienbergkapelle** in der Lahn, 1711. Emporengitter von 1720. – **Dreifaltigkeitssäule,** 1744, mit vorzüglichen Bildwerken eines Salzburger Künstlers (Josef A. Pfaffinger?). – **Alte Bürgerhäuser** aus dem 15. und 16. Jh. im Markt. – **Museum** mit interessanten Funden aus der Hallstatt- und Römerzeit. – **Rudolfsturm,** 1284 als Wehrturm zum Schutz des Salzbergwerkes errichtet, heute Gaststätte mit Aussichtsterrasse. – Besichtigung des **Schaubergwerkes** (Öffnungszeiten: Osterwoche und täglich vom 1. Mai bis Mitte Oktober) und des **Gräberfeldes** am Salzberg und eventuell der Ausgrabungen der Römersiedlung in der Lahn.

OBERTRAUN

Gemeinde, Bezirk Gmunden, Seehöhe: 511 m, Einwohnerzahl: 800, Postleitzahl: A-4831. **Auskunft:** Fremdenverkehrsamt Obertraun, Tel. 06131/351. **Bahnstation:** Obertraun-Dachsteinhöhlen und Obertraun-Koppenbrüller Höhle; Busverbindungen mit Hallstatt, Gosau und der Dachsteinseilbahn.
Bergbahnen: Dachsteinseilbahn und Schlepplifte.

Sehenswert

Pfarrkirche, barock, mit guten Gemälden (hl. Hieronymus und Johannes der Täufer) von dem Tiroler Maler Johann G. Grasmair, 1740. – Ein Naturerlebnis besonderer Art vermittelt der Besuch der **Dachsteinhöhlen: Rieseneishöhle** mit unterirdischen Eisfeldern und prächtigen Eisgebilden; **Mammuthöhle,** mit interessanten Tropfsteingebilden; beide Höhlen sind vom Schönberghaus (I. Teilstrecke der Seilbahn) leicht zu erreichen. Die im Tal liegende **Koppenbrüller Höhle,** eine von Wasser durchrauschte Tropfsteinhöhle, ist zu Fuß von Obertraun oder von der Haltestelle Obertraun-Koppenbrüller Höhle erreichbar. Die Führungen durch jede Höhle dauern ungefähr 1¼ Std. (warme Kleidung mitnehmen!).

Wanderungen und Bergtouren um Hallstatt, Bad Ischl und Dachstein

40 **Bergtour:** Bad Ischl – Leonsberg (Zimnitz), 1.745 m

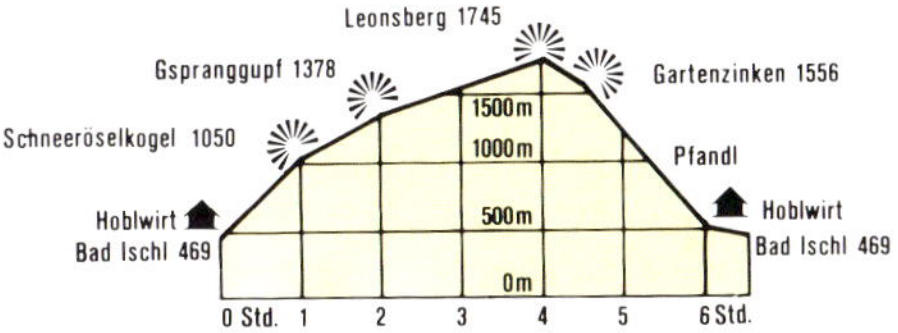

Ausgangspunkt: Bad Ischl
Parken: Hoblwirt
Höhenunterschied: 1.270 m

Wanderzeit: 6½ Std.
Schwierigkeitsgrad: nur für Geübte!
Einkehr: Hoblwirt

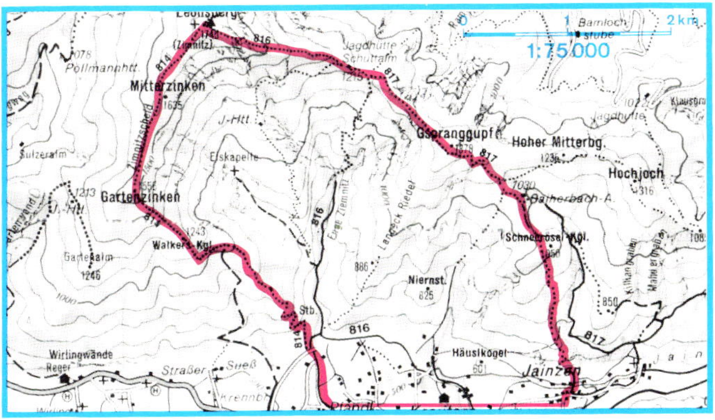

Tourenverlauf: Im Salzkammergut gibt es mehrere Beispiele dafür, daß Berge zweierlei Namen tragen, die die Bewohner im Süden oder Norden ihnen verliehen haben. So wird unser Gipfelziel von den Ischlern »Zimnitz«, von den Bergsteigern im Attergau als »Leonsberg« bezeichnet. Vom Hoblwirt nördlich der Umfahrungsstraße erreicht man den Steig über Jainzen, wo man vor dem Saiherbach links abbiegt. Bis auf den Schneeröselkogel geht es auf einem steilen Waldweg recht schweißtreibend hinauf. Während der nächsten Minuten hinüber zur Saiherbachalm kann man sich am ebenen Pfad ausrasten (Quelle, Rastplatz). Die nächste Etappe führt in einer knappen Stunde zum Gspranggupf empor, hoch über Ischl. Nun folgt eine aussichtsreiche Kammwanderung, zuerst bergab zur Jagdhütte Schüttalm, dann bergan, etwas steiler, über den Grat zum Grasgipfel. Wer früh aufgebrochen ist, kann während des Anstiegs die wechselnden Gamsrudel beobachten. Für den Abstieg nehmen wir den prachtvollen Weg über die Zimnitzschneid zum Gartenzinken, 1.556 m, mit seinem Tiefblick zum Wolfgangsee und dem gegenüber liegenden Kattergebirge. Der mit »814« markierte Steig führt vom Walkerskogel durch steilen Wald hinunter nach Pfandl, von wo es zum Hoblwirt zurückgeht.

41 **Bergtour:** Bad Ischl – Mitteralm, 1.432 m – Hohe Schrott, 1.839 m

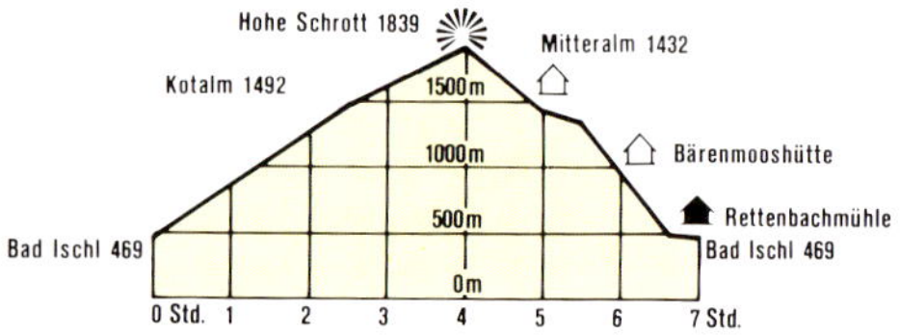

Ausgangspunkt: Bad Ischl
Parken: Rettenbach
Höhenunterschied: 1.370 m

Wanderzeit: 7 Std.
Schwierigkeitsgrad: mittel!
Einkehr: Rettenbachmühle

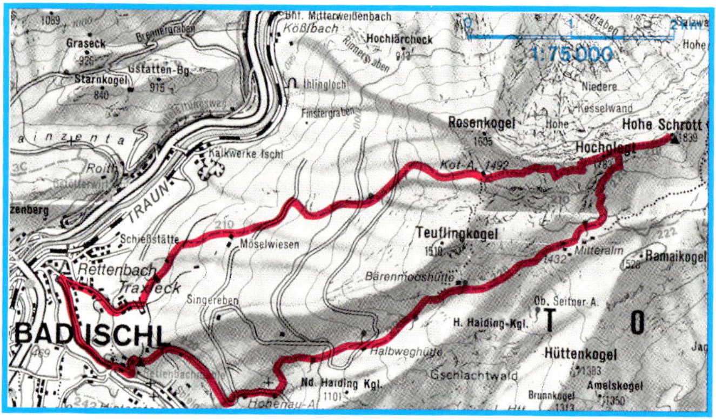

Tourenverlauf: Wegen des großen Höhenunterschiedes ist die Besteigung der Hohen Schrott eine gut ausgefüllte Ganztagsunternehmung. In Rettenbach finden wir durch die Tafel »Hohe Schrott«, Markierung Nr. 210, den Hinweis auf unseren Wegverlauf. An einem Bauernhof vorbei steigen wir über eine Wiese zu der Quellfassung hinauf, queren oberhalb auf einem Brückerl den Bach und gelangen auf einen Forstweg, den man bis zu einem Ahornbaum (Wegtafel) verfolgt. Nun geht es durch einen Hochwald bergan zum Rand der Möselwiesen mit ihren zwei Heustadeln. Wenig später betreten wir wieder eine Forststraße, auf der wir ein Stück nach links gehen, um am Straßenende beim Holzlagerplatz wieder rechts in den Mischwald abzubiegen. Der folgende Anstieg passiert abermals eine Straße und gibt bei der Holzstube einen weiten Blick zum Wolfgangsee frei. 2½ Stunden liegen hinter uns, wenn wir die Kotalm erreichen. Von hier rechnet man noch 1½ Stunden zum Gipfel der Hohen Schrott, die man durch Latschengassen über den Hochglegt erreicht. Vom Aluminiumkreuz führt der Abstieg vor dem Hochglegt links hinab zur Mitteralm und immer dem Verlauf des Tälchens folgend zur Bärenmooshütte. Nach mehrmaligem Queren von Forststraßen mündet die Markierung des Abstiegsweges 220 bei der Rettenbachmühle, von wo man entlang des Rettenbachs nördlich zum Ausgangspunkt gelangt.

42 **Bergwanderung:** Bad Ischl – Rettenbachtal – Gamskogel, 1.630 m

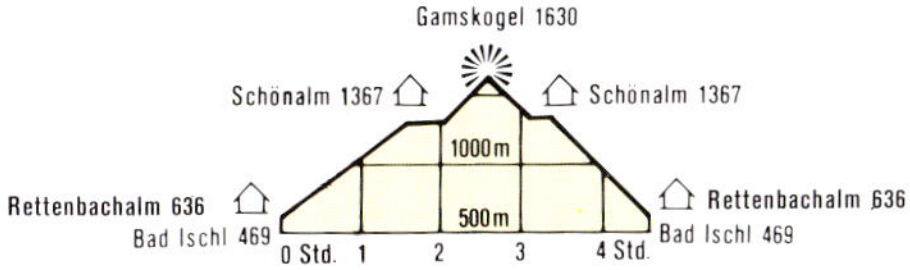

Ausgangspunkt: Bad Ischl
Parken: Rettenbachalm
Höhenunterschied: 1.000 m

Wanderzeit: 4½ Std.
Schwierigkeitsgrad: mittel!

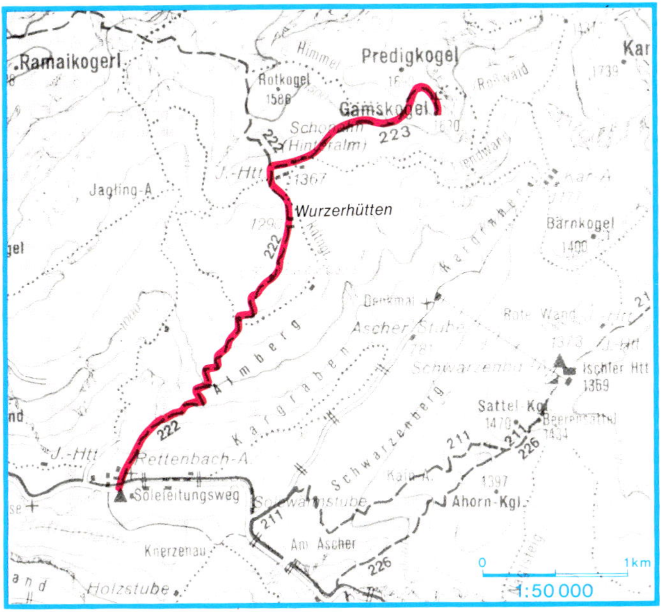

Tourenverlauf: Von Bad Ischl kann man östlich durch das Rettenbachtal bis zur Rettenbachalm mit dem Pkw anfahren. Man folgt dabei etwa sechs Kilometer weit dem Soleleitungsweg, der von der Rettenbachmühle nach Altaussee führt (für das Mittelstück besteht Fahrverbot!). Von den Hütten der Rettenbachalm bringt uns ein steiler, serpentinenreicher Fußweg durch Hochwald in eineinhalb Stunden bis zu den Wurzerhütten, von wo es flach hinüber zur Schönalm geht. Hier teilt sich der Weg. Die Markierung 222 führt links um den Rotkogel herum zur Mitteralm (siehe Bergtour Nr. 41), wir nehmen den rechts abbiegenden Steig, der die Almweiden nach Osten traversiert und nach kurzem Aufschwung in den Sattel zwischen Predigkogel und Gamskogel mündet. Wenige Schritte nach rechts und man steht beim Gipfelkreuz. Östlich sehen wir hinüber zum Wildenkogel, im Süden erhebt sich der Sandling. Der Abstieg wird am besten am Anstiegsweg vorgenommen.

43 **Wanderung:** Bad Ischl – Katrin, 1.542 m – Katerer Kogel (Elfer), 1.603 m

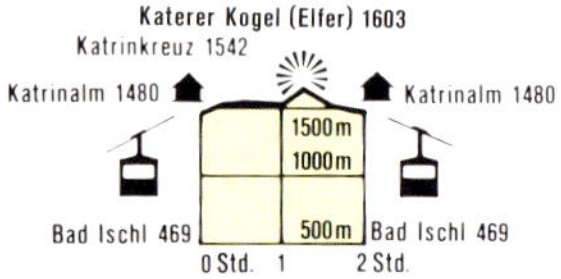

Ausgangspunkt: Bad Ischl
Parken: Talstation Katrinbahn
Höhenunterschied: 123 m

Wanderzeit: 2 Std.
Schwierigkeitsgrad: leicht!
Einkehr: Katrinalm, Seilbahnbuffet

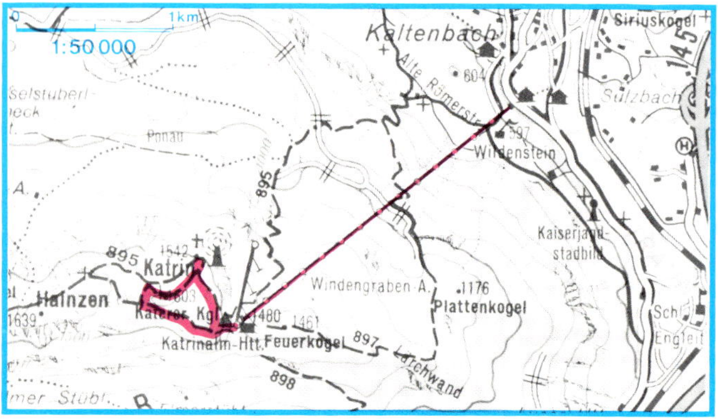

Tourenverlauf: Südlich der Stadt befindet sich der große Parkplatz bei der Talstation der Katrinbahn, die uns bei weiten Ausblicken über die alte Kaiserstadt rasch auf 1.480 Meter Höhe emporbringt. 100 Meter westlich der Bergstation teilt sich nach der Hütte des Bergrettungsdienstes der Weg. Wir nehmen die Abzweigung nach rechts zum Katrinkreuz (½ Std., Markierung: weißer Kreis mit rotem Punkt). Durch die Latschenregion geht es auf Holztreppen hinauf. Bald wird der Weg flacher und bei einer Bank bietet sich die Möglichkeit, geradeaus zum Kreuz neben dem Sender zu gehen. Zu dieser Bank zurückgekehrt, folgen wir dem Wegweiser »Über Elferkogel zur Bergstation, 1 Std.« (hellblaue Markierung). An verwitterten Kalkfelsen geht es durch das Latschenfeld hinauf zum Gipfelkreuz am Katerer Kogel (Bänke), wo sich besonders schöne Blicke zum Dachstein, Traunsee, Feuerkogel, Höllengebirge und Hochkönig bieten. Der Abstieg führt uns westlich an Dolinen und über Kalkfelsen abwärts zur Wegverzweigung (Tafel: Hainzen ½ Std.). Hier geht es links zurück zur Seilbahnstation. Nun werden die felsigen, steilen Südflanken gequert. Über eine Holztreppe und entlang einer kurzen Seilsicherung gelangt man zu einem dem Hang vorgeschobenen Aussichtspunkt (Blick zum Hallstätter See und auf Bad Goisern). In wenigen Minuten spaziert man am ebenen, breiten Pfad zurück zur Bergstation.

44 **Bergwanderung:** Bad Goisern – Liesen – Predigstuhl, 1.278 m – Wurmsteinweg – Hütteneckalm, 1.240 m

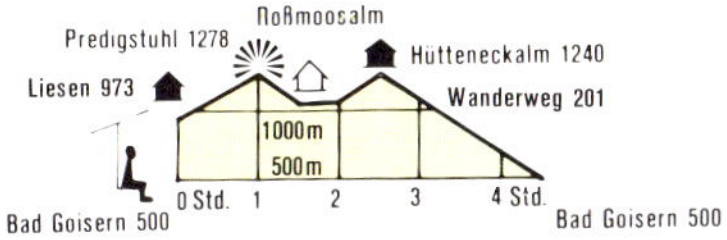

Ausgangspunkt: Bad Goisern
Parken: beim Kurhaus
Höhenunterschied: 300 m

Wanderzeit: 4½ Std.
Schwierigkeitsgrad: mittel!
Einkehr: Liesen, Hütteneckalm

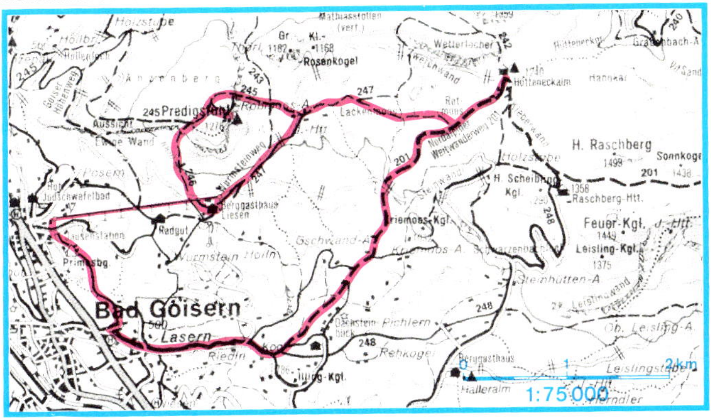

Tourenverlauf: In der Nähe des Jodschwefelbads im Norden von Bad Goisern nimmt die Sesselbahn zum Fuß des Predigstuhls ihren Ausgang. Von der Bergstation Wurmstein am Hochplateau Liesen nimmt der Wurmsteinweg seinen Ausgang, der großteils durch Wald zur Roßmoosalm führt und als Variante begangen werden kann. Bergsteiger werden es jedoch nicht verabsäumen, den Aussichtsberg Predigstuhl zu erklimmen. Der Anstiegsweg ist mit der Nummer 246 versehen und führt zuerst westlich, dann nördlich steil über eine 25 Meter lange, drahtseilgesicherte Felswand hinauf zum Durchlaß bei der Ewigen Wand (Bank) und dann leicht von hinten auf den Gipfel (zuletzt Eisenleitern), der nach Süden über steile Felsflanken abbricht. Die prachtvolle Aussicht auf Kalmberge (W), Höllengebirge (N), Sarstein (SO) und Dachstein (S) sucht ihresgleichen. Tief unter uns ziehen die Schiffe am Hallstätter See ihre Bahn. Der gesicherte Abstieg erfolgt nach Osten durch eine Felswüste hinab zum Bach und zur Roßmoosalm, wo man auf den Wurmsteinweg (Markierung 247) trifft. Landschaftlich sehr schön und leicht begehbar ist der bis zur Hälfte ebene Weg (Bänke), der in einer Stunde zur Hütteneckalm hinauf leitet. Für den Rückweg wählen wir den Weitwanderweg über Rotmoos und den Waldrücken hinab zur Gschwandalm, 920 m. Unterhalb nehmen wir den Karrenweg nach rechts zum Stambach, dessen Nähe wir erst kurz vor Lasern verlassen. Entlang des Sträßchens spazieren wir hinunter nach Bad Goisern.

㊺ **Bergtour:** Bad Goisern – Goiserer Hütte, 1.596 m – Hoch-Kalm-Berg, 1.833 m

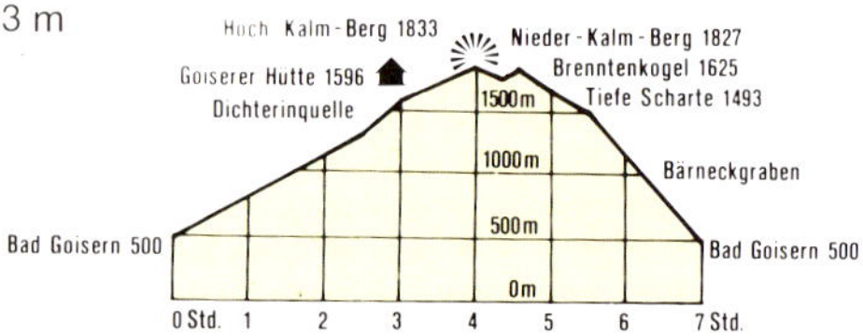

Ausgangspunkt: Bad Goisern
Parken: im Ort
Höhenunterschied: 1.333 m

Wanderzeit: 7 Std.
Schwierigkeitsgrad: nur für Geübte!
Einkehr: Goiserer Hütte

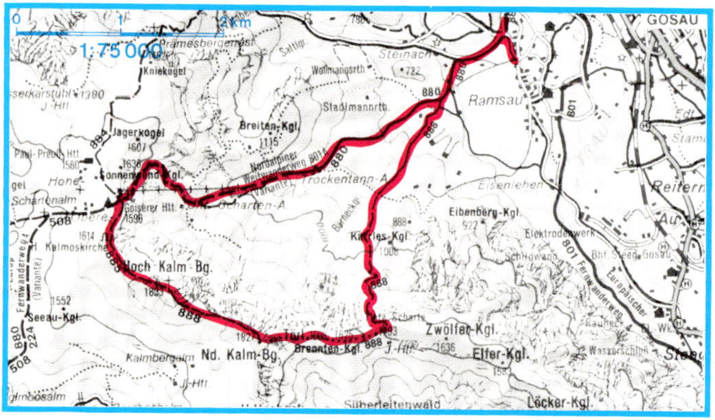

Tourenverlauf: Die Überschreitung der Kalmberge ist eine lohnende Wochenendtour, die man bequem in 1½ Tagen durchführen kann. Von Bad Goisern passiert man die Bahnlinie und die Traunbrücke nach Gschwandt. Entlang des verbauten Ramsaubachs erreicht man vor einer Brücke die Abzweigung des Nordalpinen Weitwanderweges. Wenige hundert Meter weiter verzweigt sich der Karrenweg erneut. Wir nehmen die Route nach rechts, zur Goiserer Hütte (Nr. 880). Der Steig führt entlang eines Trockentals zur Trockentann Alm und zur Talstation der Materialseilbahn im Kesselgraben. Die Serpentinen ziehen nach der Station links in den Graben hinauf, biegen bei der Unteren Schartenalm nach Norden und erreichen wenige Minuten später die Dichterinquelle. Gestärkt steigt man in den folgenden 25 Minuten zur Hütte hinauf an. – Die Besteigung des Hoch-Kalm-Berges ist nicht schwierig und folgt dem Gratverlauf durch Latschengassen hinauf zum freien Gipfel (Blick zum Gosaukamm, auf Gosau und die Dachsteingruppe, Tiefblick auf Goisern). Die Überschreitung ist nur dem Geübten anzuraten. Nach dem Abstieg nach Osten geht es wieder bergan zum Niederen Kalmberg, 1.827 m, und steil, teils ausgesetzt, hinab zum Törl, 1.608 m. Über den dritten Gipfel, den Brenntenkogel, 1.625 m, betritt man die Tiefe Scharte. Jetzt biegt der Abstieg nach Norden um und leitet steil, teils nur Spuren folgend, immer links des Grabens hinunter zur Einmündung des Fernwanderweges oberhalb von Ramsau.

46 **Bergtour:** Gosau – Plankensteinalm, 1.541 m

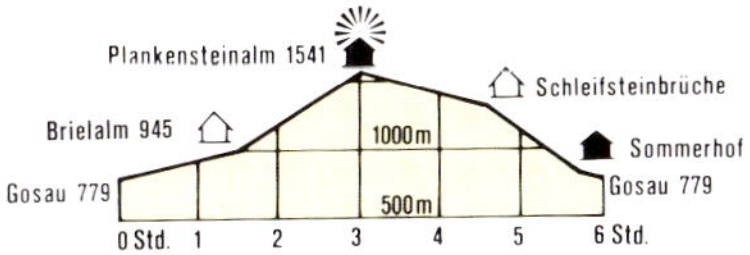

Ausgangspunkt: Gosau
Parken: im Ort
Höhenunterschied: 670 m

Wanderzeit: 6 Std.
Schwierigkeitsgrad: leicht!
Einkehr: Plankensteinalm

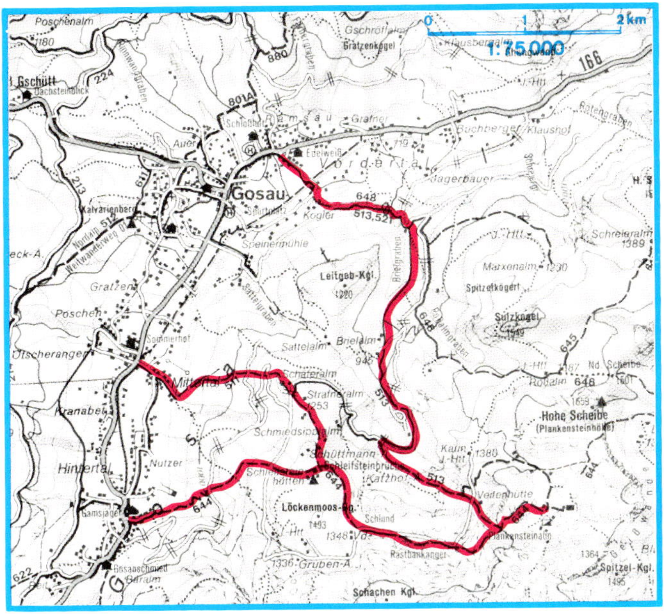

Tourenverlauf: Von Gosau spaziert man am Sportplatz vorbei hinunter zum Gosaubach und links entlang von Heustadeln bis in die Nähe des Hallenbades. Hier, beim Koglerbauern, beginnt eine Forststraße, die östlich in den Brielgraben leitet. Nach der Brücke gelangt man zu einer Hütte, wo rechts, dem Brielgraben folgend, ein Fahrweg abzweigt, dem wir zur Brielalm folgen. Nach der Brücke südlich der Alm benützen wir weiter den Karrenweg, der dem Tal aufwärts folgt. Bevor man auf die gute Forststraße gelangt, muß man ein Stück nach links über die Brükke ansteigen. Im weiten Bogen durchqueren wir den obersten Brielgraben und achten auf den scharf links abgehenden Steig, der uns an einigen Felsen vorbei zur Plankensteinalm bringt (Einkehr!). Für den Abstieg kann man auch den Weg Nr. 644 über den Rastbankanger zu den Schleifsteinbrüchen und weiter zum Gasthof Gamsjäger wählen, oder von den Steinbrüchen den Waldweg (Nr. 511) hinab zum Sommerhof benützen.

47 **Bergwanderung:** Gosau – Gablonzer Hütte, 1.550 m – Nordalpiner Weitwanderweg 01 – Gosau

Ausgangspunkt: Gosau
Parken: im Ort
Höhenunterschied: 742 m
Wanderzeit: 3¾ Std.
Schwierigkeitsgrad: leicht!
Einkehr: Gablonzer Hütte

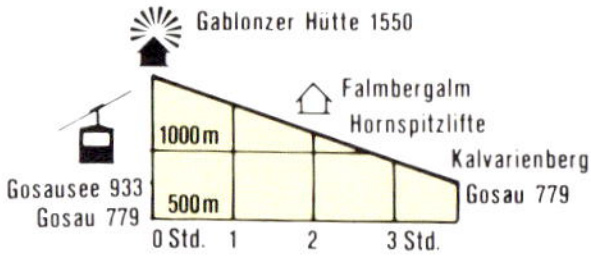

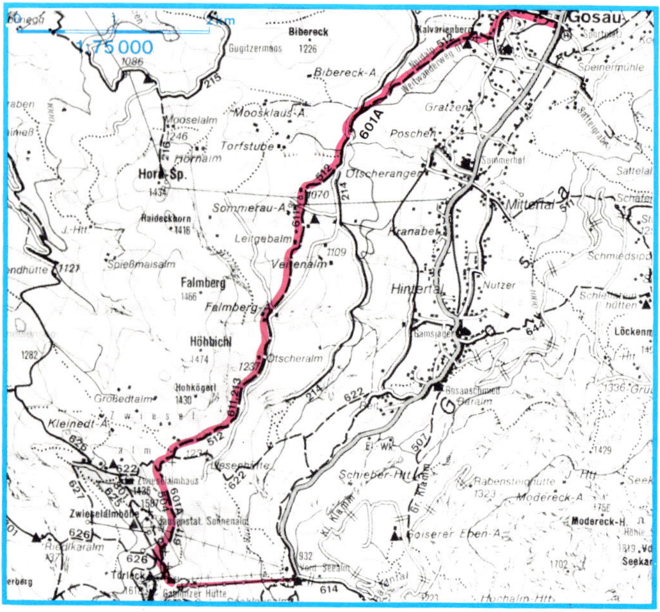

Tourenverlauf: Für die Anfahrt benützen wir den Bus von Gosau zum Vorderen Gosausee. Für die knapp 600 Höhenmeter zur Gablonzer Hütte kann man sowohl die Gosaukammbahn in Anspruch nehmen, oder man folgt dem ausgetretenen Hüttenweg in 1½ Std. auf die Zwieselalm empor. Von der AV-Sektion Neugablonz/Enns wird die Hütte gut in Schuß gehalten und bei der Selbstbedienung gibt es frisches Faßbier, das wir auf der sonnigen Terrasse (Blick auf Gosau) zur mitgebrachten Jause genießen. Der Abstieg am sogenannten Herrenweg (Markierung 512) folgt nördlich der Hütte einem guten, breiten Steig, der nicht zur Sonnenalm oder zum Zwieselalmhaus führt, sondern ostseitig, bei Ausblicken auf den Dachstein, den Hang quert. Nach ½ Std. tritt man auf die Skiabfahrt heraus, erreicht jedoch gegenüber wieder den Wald und folgt dem Spazierweg zur Ötscheralm und Falmbergalm. Kurz darauf erreichen wir die sumpfigen Wiesen bei den Hornspitzliften. Bald beginnt der nun etwas steilere Abstieg durch den Wald hinab zum Kalvarienberg in Gosau.

⓸⓼ **Bergtour:** Gablonzer Hütte, 1.550 m – Großer Donnerkogel, 2.055 m

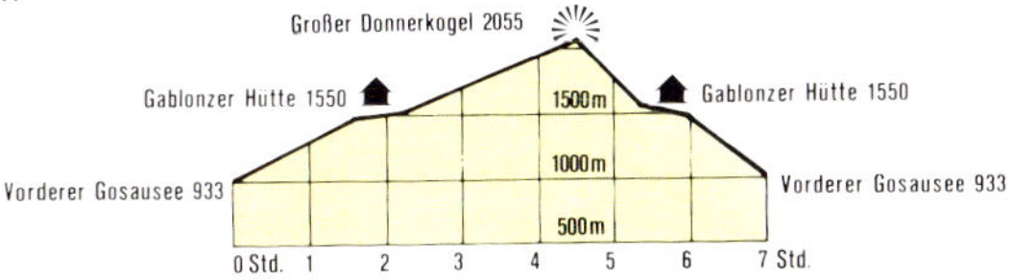

Ausgangspunkt: Gosau
Parken: Vorderer Gosausee
Höhenunterschied: 500 m

Wanderzeit: 7 Std.
Schwierigkeitsgrad: mittel!
Einkehr: Gablonzer Hütte

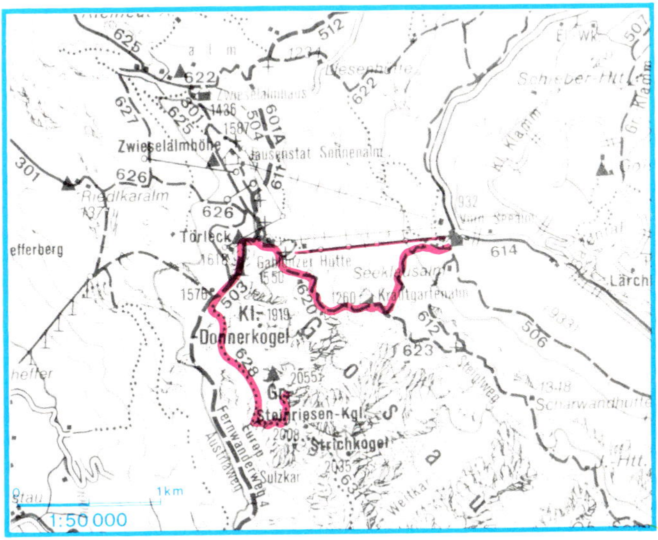

Tourenverlauf: Den Ausgangspunkt der Tour erreichen wir mit der Gosaukammbahn. Von der Gablonzer Hütte führt ein rot markierter, teils erdiger Weg in Richtung Sender empor. Nach einem Holzgatter beim Törleck verzweigt sich in einer Wiesenmulde der Steig: Bergab führt der Austriaweg zur Theodor-Körner-Hütte, links geht es zum Donnerkogel. Zwischen Kalkfelsen und Latschengruppen kraxelt man über Stock und Stein, quert Schuttreisen und erklimmt einen vorstehenden Rücken (ausgezeichneter Rastplatz). Durch mit schwarzer Erde angefüllte Karren und Steinrinnen geht es dem Gipfel nun direkt entgegen. An sonnigen Tagen läßt es sich auf der Bergwiese zwischen den Felsen beim Gipfelkreuz herrlich lagern, der Blick schweift über das Lammertal bis hin zu den Höhen des Tennengebirges, über die Gipfelfluchten des Gosaukamms und über die senkrechte Ostwand zum Gosausee und Dachstein. Nachdem wir die Aussicht genossen haben, beginnen wir den Abstieg, der bei Nässe viel Vorsicht erfordert, und kehren über das Törleck zur Hütte zurück.

49 **Zweitagestour:** Rund um den Gosaukamm

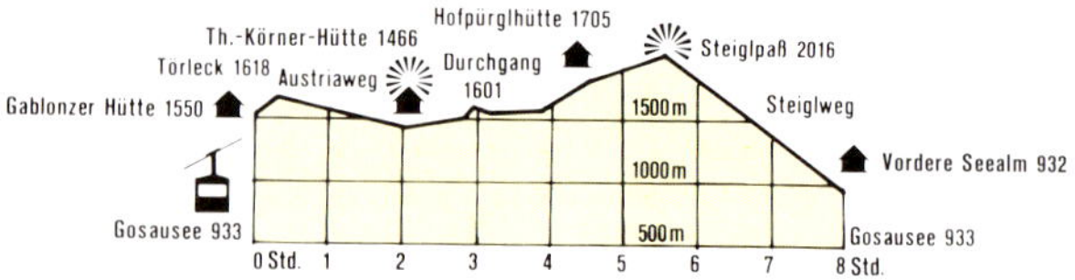

Ausgangspunkt: Gosau
Parken: Vorderer Gosausee
Höhenunterschied: 760 m
Wanderzeit: 8 Std.

Schwierigkeitsgrad: nur für Geübte!
Einkehr: Gablonzer Hütte, Th.-Körner-Hütte, Hofpürglhütte, Vordere Seealm, Stuhlalmhütte

Stuhlalm mit Bischofsmütze

Tourenverlauf: Von der Gablonzer Hütte (Nächtigung) steigt man über das Törleck in Richtung Großer Donnerkogel an. Nach dem Törl weist die Markierung, der Austriaweg, zur Theodor-Körner-Hütte. Im leichten Auf und Ab mit Aussicht auf das Lammertal quert man die Westseite des Gosaukammes. Über Steinrinnen, Schuttfelder und Latschengruppen (man erkennt Reste eines Latschenbrandes) spazieren wir am nahezu ebenen Weg in Richtung Süden. Am gut markierten Weg betreten wir nach der Waldzone die Weideflächen unterhalb der Stuhlalm. Auch bei der nahen Körnerhütte lohnt die Rast. Den Weiterweg setzen wir am Nordalpinen Weitwanderweg 01 (Variante) fort, indem wir durch Latschengassen in die Felstrümmergegend am Stuhlloch gelangen. Im steilen Zickzack geht es auf das Jöchl, jenseits nahezu eben über Gräben und Latschenwurzeln auf den weit nach Westen vorgeschobenen Kamm. Bei dem Wegweiser (Mahdalmhütte) bleibt die Sulzkaralm rechts unten liegen. Später geht man um den Leckkogel herum und zuletzt kurz steil ansteigend zur Hofpürglhütte, die man nach $4\frac{1}{2}$stündigem Marsch erreicht. Nach der wohlverdienten Mittagsrast wenden wir uns nach Norden und überschreiten den Steiglpaß (eindrucksvolle Aussicht!, Blick zur nahen Bischofsmütze), um dem Steiglweg über die Bergsteigerkapelle und Scharwandalm (nach der Begehbarkeit erkundigen!) hinunter zum Vorderen Gosausee zu folgen.

50 **Talwanderung:** Gosauseen

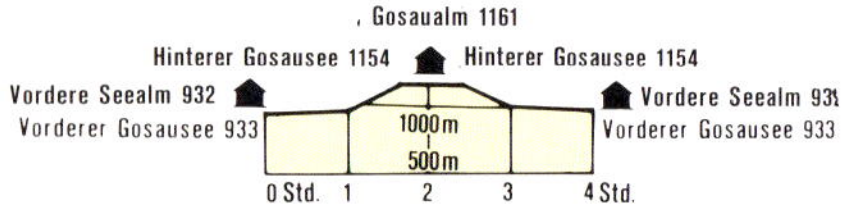

Ausgangspunkt: Gosau
Parken: bei der Talstation der Gosaukammbahn
Höhenunterschied: 230 m

Wanderzeit: 4 Std.
Schwierigkeitsgrad: leicht!
Einkehr: Gosaualm, Vordere Seealm

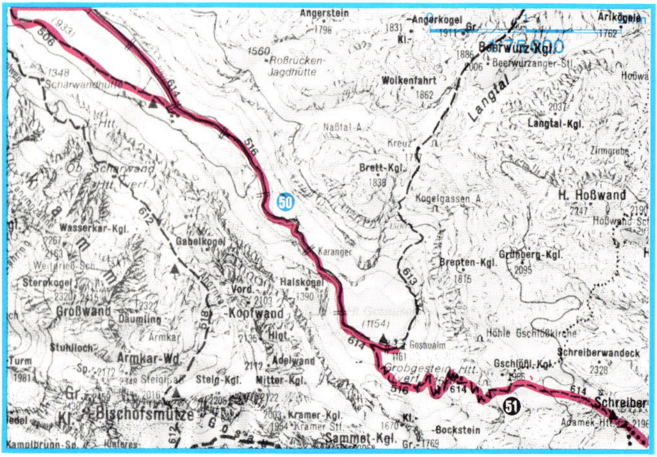

Tourenverlauf: Unterhalb der Talstation der Gosaukammbahn befinden sich geräumige Parkplätze, von denen man über Stiegen das Restaurant am Ufer des Gosausees erreicht. Von dort gelangt man rechts über den kurzen Damm zur Wegverzweigung: Rechts beginnt der Fußweg zur Gablonzer Hütte, links der Seeufersteig, den wir nehmen. Immer entlang des westlichen Ufers führt der Promenadenweg (rot-weiß-rot markiert) bis zu einer kurzen Seilsicherung. Nach einer halben Gehstunde verläßt man das Seeufer, biegt nach Osten um und trifft auf den Schotterfahrweg, der von links einmündet. Rechts geht es an der Holzmeisteralm und an sumpfigen, teils von Schneewasser überfluteten Wiesen an einem Wasserfall vorbei zum Aufschwung des Fahrweges, der in einigen Kehren bis unmittelbar vor den Hinteren Gosausee hinaufführt. Von der Bank bietet sich ein eindrucksvoller Blick auf die den Talschluß umgebenden steilen Felswände. Bis zur Hinteren Seealm, die man über weite, bis in den Sommer hinein liegende Lawinenreste und ein breites Bachbett erreicht, sind es nur mehr 20 Minuten. Der Rückweg gleicht dem Anstieg, nur im letzten Teil nimmt man den Fahrweg entlang des östlichen Ufers und genießt den Blick unter den überhängenden Felsen zurück zum Dachstein.

Im Aufstieg zur Adamekhütte (bei der »Lacke«)

51 Dreitagestour: Gosauseen – Adamekhütte, 2.196 m – Steiner Scharte, 2.721 m – Simonyhütte, 2.206 m – Hoßwandscharte, 2.190 m – Adamekhütte, 2.196 m

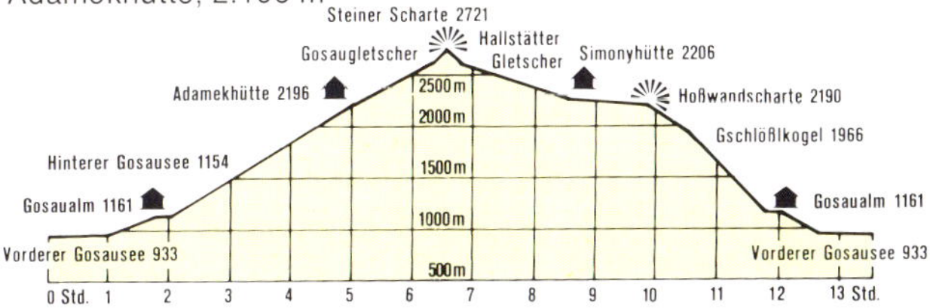

Ausgangspunkt: Gosau
Parken: Vorderer Gosausee
Höhenunterschied: 550 m

Wanderzeit: 5, 3½ und 5 Std.
Schwierigkeitsgrad: nur für Geübte!
Einkehr: Adamekhütte, Simonyhütte
Karte: siehe Seiten 94 und 97

Tourenverlauf: Höhenwanderungen im Dachstein haben immer hochalpinen Charakter und erfordern daher entsprechende Ausrüstung, Bergerfahrung oder die Mitnahme eines Bergführers (besonders für Gletscherbegehungen!). Bei Schlechtwetter ist wegen der schwierigen Orientierung von Touren aller Art unbedingt abzuraten!
Von der Adamekhütte benützt man den Weg Nr. 601 für den Übergang zur Simonyhütte über die Steiner Scharte. Vorerst geht es durch das Gletschervorfeld über den Großen Gosau Gletscher und von diesem steil hinauf (Eisenleitern, Drahtseile!) zur Scharte. Ostseitig steigt man auf versichertem Steig zum Hallstätter Gletscher ab und erreicht über

diesen die Simonyhütte. Der Weg erfordert Trittsicherheit und Schwindelfreiheit und ist unter Umständen schwierig, man erkundige sich daher nach den Wegverhältnissen! Der dritte Tag führt uns von der Simonyhütte nordwestlich (Markierung Nr. 650) zum Schlund (Doline) und hinauf zum Hohen Trog, 2.355 m, von wo sich ein interessanter Überblick auf die Karstflächen des Dachsteinplateaus ergibt. Der Abstieg ist sehr steil und biegt südwestlich um den Hohen-Ochsen-Kogel herum und erreicht nach 1½ Std. die Hoßwandscharte. Wieder marschieren wir über Karstplatten und treffen beim Gschlößlkogel, 1.966 m, auf den Anstiegsweg zur Adamekhütte. Nach dem Abstieg zum Hinteren Gosausee lohnt sich ein erfrischendes Bad, ehe man noch weitere zwei Stunden hinaus zum Parkplatz wandert.

52 **Hochtour:** Hallstatt – Wiesberghaus, 1.882 m – Simonyhütte, 2.206 m – Hoher Dachstein, 2.995 m

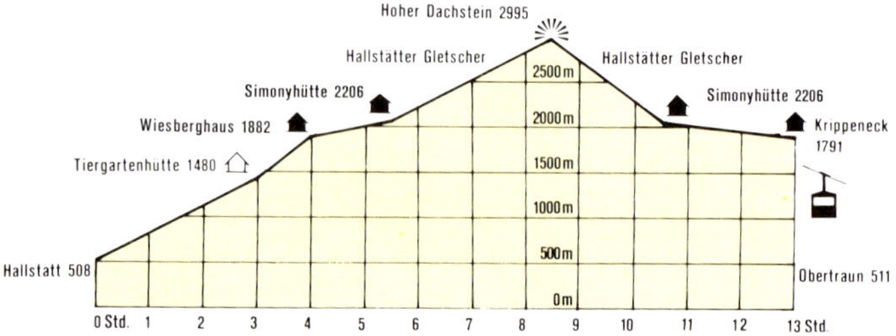

Ausgangspunkt: Hallstatt
Parken: in Lahn
Höhenunterschied: 2.500 m
Wanderzeit: 5½ und 7½ Std.

Schwierigkeitsgrad: nur für Geübte!
Einkehr: Wiesberghaus, Simonyhütte, Krippeneck
Karte: siehe Seite 97

Tourenverlauf: Die Besteigung des Dachsteins ohne technische Hilfsmittel ist immer noch ein gut geplantes, langes Unternehmen, für das vor allem Kondition erforderlich ist. Von Hallstatt/Lahn spaziert man gemütlich in das Echerntal entlang der Forststraße. Doch bald wird der Anstieg interessant, wenn er steil zur Tiergartenhütte bergan zieht (knapp 3 Std.). Eine Stunde später hat man die erste Etappe hinter sich und genießt die Stärkung im Wiesberghaus, 1.882 m. Für den Nachmittag steht die gut 1½stündige Wanderung über die Ochsenwiesenalm zur Simonyhütte bevor (Nächtigung). 20 Minuten nach dem Verlassen der Hütte wird angeseilt (dies tut man meist schon vor der Hütte) und quert den Hallstätter Gletscher südlich hinauf zum Unteren Eisstein. Links vorbei gilt es dann den steilen Aufschwung zum Gipfelaufbau zu überwinden. Die letzten Meter über den gut gestuften Fels sind zwar drahtseilgesichert, doch bei Vereisung mitunter sehr schwierig zu erklimmen. An Schönwettertagen ist der Gipfel stark frequentiert und es heißt »anstehen«. Für den Rückweg von Oberösterreichs höchstem Berg steht die Variante von der Simonyhütte zum Krippeneck (Bahn!) zur Wahl, wobei man sich 1.500 Höhenmeter Abstieg sparen kann. Den Abstieg zu Fuß über das Wiesberghaus verteilt man besser auf zwei Tage.

53 **Zweitagestour:** Obertraun – Krippeneck, 1.791 m – Taubenkogel, 2.300 m – Hoher Gjaidstein, 2.794 m – Seethaler Hütte, 2.740 m – Dachstein, 2.995 m – Simonyhütte, 2.206 m – Oberfeld

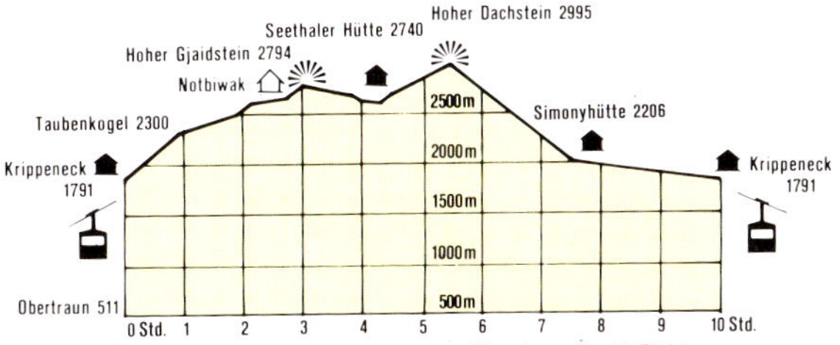

Ausgangspunkt: Obertraun
Parken: Talstation der Dachsteinbahn
Höhenunterschied: 1.200 m

Wanderzeit: 10 Std.
Schwierigkeitsgrad: nur für Geübte!
Einkehr: Schilcherhaus, Seethaler Hütte

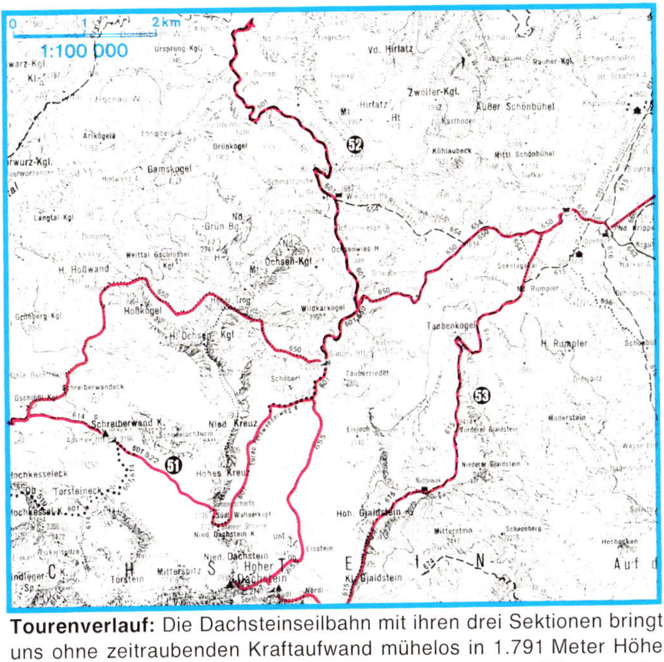

Tourenverlauf: Die Dachsteinseilbahn mit ihren drei Sektionen bringt uns ohne zeitraubenden Kraftaufwand mühelos in 1.791 Meter Höhe auf das Krippeneck. Über die Gjaidalm (Schilcherhaus) führt uns der Steig hinauf zum Oberfeld. Hier gibt der Wegweiser, Markierung 615, die Wanderrichtung über das Karstplateau zum Taubenkogel und Hohen Gjaidstein, sowie zur Seethaler Hütte (Dachsteinwartehütte) an. Nach dem Steilaufschwung zum Taubenkogel, den man rechts abbiegend in 10 Minuten »mitnehmen« kann, beginnt die große Bergeinsamkeit. Nahezu eben wandern wir über ein Kalkplateau oberhalb des

Gjaidkars gegen Süden und später nach Westen, zum kurzen Serpentinenanstieg (Notbiwak) des Hohen Gjaidsteins. Für die Überschreitung des Grates zum Gjaidsteinsattel ist Trittsicherheit und Schwindelfreiheit unbedingt erforderlich. Unterwegs können wir die Skifahrer am Schladminger Gletscher beobachten (Sommerskigebiet). Vom Sattel wenden wir uns westlich und spazieren über den Gletscher um das Nördliche Dirndl herum zur Seethaler Hütte (Nächtigung). Von hier rechnet man etwa eine Stunde auf den Dachsteingipfel, falls nicht zu großer Andrang herrscht (Seilsicherungen). Den Abstieg nimmt man am besten über die Simonyhütte zum Krippeneck vor.

54 **Ausflug:** Obertraun – Dachstein-Rieseneishöhle

Ausgangspunkt: Obertraun
Parken: Dachsteinbahnen
Höhenunterschied: gering
Wanderzeit: 1¼ Std.
Schwierigkeitsgrad: mittel!
Einkehr: Dachsteinhöhlenhaus

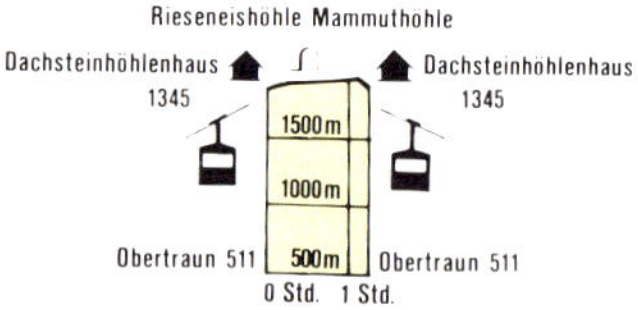

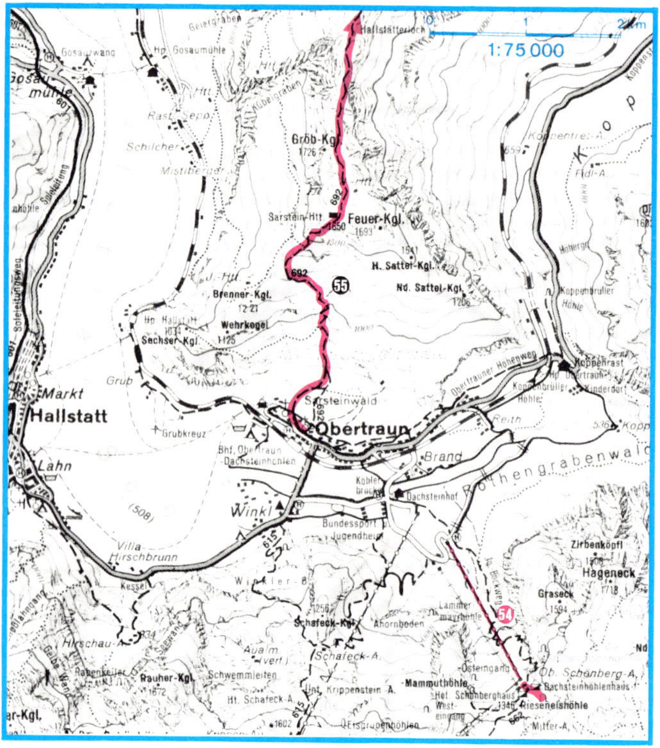

Tourenverlauf: Mit der ersten Sektion der Dachsteinseilbahnen erreicht man die 1897 vom Obertrauner Peter Gamsjäger erstmals erforschte Dachstein-Rieseneishöhle. Der Eingang befindet sich etwa 20 Minuten von der Bergstation (Kassa) entfernt. Wer mehr Vorliebe für Tropfsteine hat, wird die Dachstein-Mammuthöhle besuchen (Führungsdauer 1 Std.). Blättert man in der Erschließungsgeschichte, so findet man im Jahr 1910 den Namen Georg Lahner, der über den Großen Eisabgrund hinaus einen weiteren Höhlenabschnitt erforschte. Schon nach dem Ersten Weltkrieg machte man die Höhle durch Steiganlagen einem breiteren Publikum zugänglich. 1928 wurde elektrisches Licht eingeführt. Schon beim Durchgang durch die Wettertüren macht sich der kalte Wind bemerkbar, der aus dem Höhleninneren strömt. Interessant ist der König-Artus-Dom, die Iwanhalle, der Schmetterlingsgang (nicht zugänglich), der Keye-Schluf, die Eiskapelle und der Parzivalsdom. Höhepunkt ist der 30 Meter dicke Tristandom. Über das Eis und durch einen Stollen kehrt man zurück zum Eingang. Für den Rückweg kann man auch den 2½stündigen Abstieg am Jäger-Böck-Weg nehmen.

55 **Bergwanderung:** Obertraun – Sarsteinhütte, 1.650 m (– Hoher Sarstein, 1.975 m)

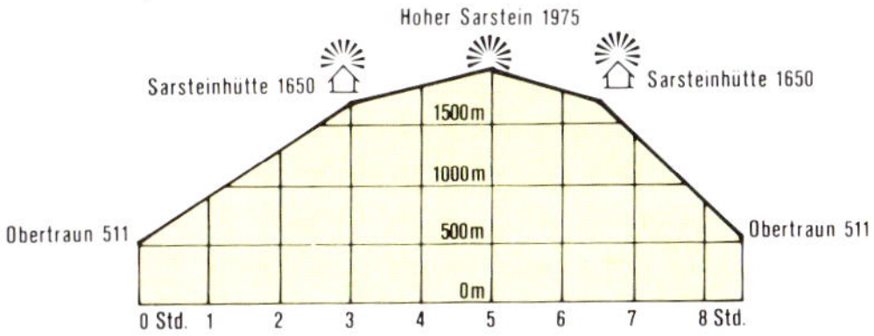

Ausgangspunkt: Obertraun
Parken: beim Bahnhof
Höhenunterschied: 1.140 (+325) m

Wanderzeit: 5 (8½) Std.
Schwierigkeitsgrad: nur für Geübte!
Karte: siehe Seite 98

Tourenverlauf: Da die Sarsteinhütte unbewirtschaftet ist, müssen wir die Verpflegung und vor allem die Getränke selbst mit hinauf nehmen. Von der Bahnstation in Obertraun benützen wir den an der Kirche vorbeiführenden Weg Nr. 692 für den Anstieg, der zunächst über freie Flächen in den Sarsteinwald leitet. Nach einem kleinen Tälchen beginnt der in engen Serpentinen bergan ziehende Weg, der durch einen Rükken vorgezeichnet ist. Nach zweistündigem Marschieren wendet sich der Steig nach links und bringt uns auf den Kamm, der uns weite Blicke über den Hallstätter See nach Bad Goisern bietet. Nach 3 Std. treffen wir vor der auf einer kleinen Verebnung stehenden unbewirtschafteten Sarsteinhütte, 1.650 m ein. Wer genügend Kondition besitzt, dem sei der landschaftlich eindrucksvolle Gratübergang zum Hohen Sarstein (2 Std.) empfohlen. (Siehe auch Bergwanderung Nr. 56). – Nach der ausgiebigen Rast, während der wir immer den Dachsteingipfelstock vor uns haben, treten wir am Anstiegsweg den zweistündigen Abstieg nach Obertraun an.

56 **Bergwanderung:** Bad Goisern/Pötschenpaß – Niedere Sarsteinalm, 1.711 m – Hoher Sarstein, 1.975 m

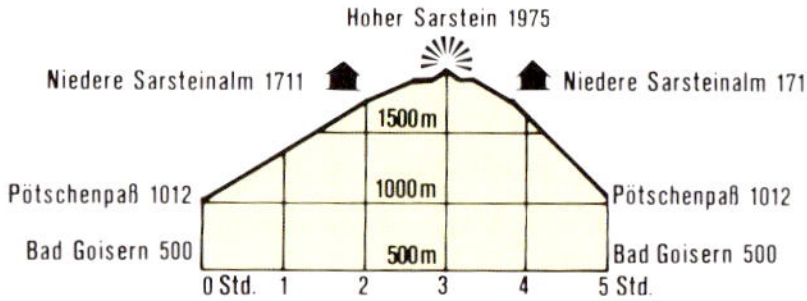

Ausgangspunkt: Pötschenpaß
Parken: am Paß
Höhenunterschied: 960 m

Wanderzeit: 5 Std.
Schwierigkeitsgrad: nur für Geübte!
Einkehr: Niedere Sarsteinalm

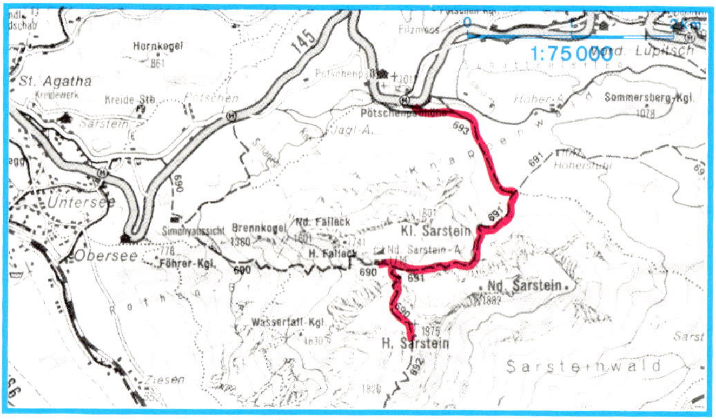

Tourenverlauf: Vom Parkplatz auf der Pötschenpaßhöhe gehen wir zum Rand der großen Schottergrube, wo der mit »693« markierte Steig zur Niederen Sarsteinalm seinen Ausgang nimmt. Der Weg zieht vorerst nur wenig steigend durch den Wald ostwärts, bis nach einer halben Stunde von links der Weg vom Sommersbergsee zu uns stößt (Lichtung). Nun wird es etwas steiler und nach der Querung eines Grabens stehen wir vor dem Felsaufschwung, den wir mittels Seilen und später auf einer Eisenleiter überklettern. Rechts von uns bestaunen wir das Eingangsportal einer großen Höhle. Nachdem der Weg nach Westen umgebogen ist, beginnt die Latschenzone und kurze Zeit später stehen wir auf den Almwiesen der Niederen Sarsteinalm. An schönen Sommertagen lagern zahlreiche Wanderer in den Mulden. Wir aber möchten in einer weiteren Gehstunde einen der schönsten Aussichtspunkte des Salzkammerguts ersteigen. Gut ½ Std. geht es steil über den felsdurchsetzten Hang hinauf, wo man plötzlich auf das flache Gipfelplateau tritt. Südöstlich, am höchsten Punkt, steht das Alu-Gipfelkreuz mit Gipfelbuch. Die Aussicht erstreckt sich im Süden über den Gosaukamm zum Dachstein, im Osten liegt der Altausseer See eingebettet zwischen Trisselwand und Loser, im Norden dehnt sich das Tote Gebirge mit dem Schönberg aus, während im Westen die Kalmberge und das Kattergebirge die Umgebung Bad Goiserns umrahmen.

Altausseer See mit Trisselwand ▶

Steirisches
Salzkammergut

Steirisches Salzkammergut

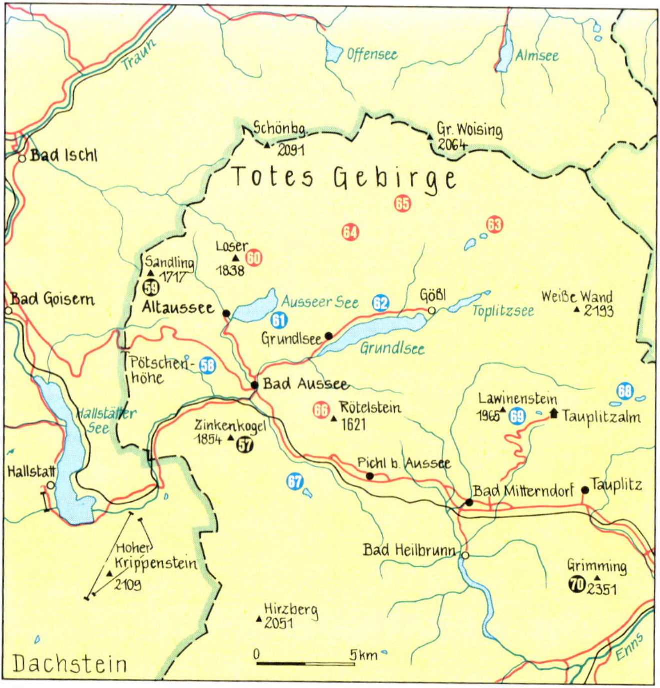

● Fremdenverkehrsverband, Verkehrsverein — Straße — Eisenbahn
Landesgrenze — Bezirksgrenze — (60) Lage der beschriebenen Wanderwege

Ortsbeschreibungen:

ALTAUSSEE

Gemeinde, Bezirk Liezen, Seehöhe: 723 m, Einwohnerzahl: 1.850, Postleitzahl: A-8992. **Auskunft:** Verkehrsbüro Altaussee, Tel. 06152 (03622) 71643. **Bahnstation:** Bad Aussee (6 km); Busverbindungen mit Bad Aussee.

Unter den vielen »Perlen des Salzkammergutes« ist Altaussee mit dem gleichnamigen See sicherlich eine der kostbarsten. Tief eingebettet in die eigenartige Kalkplateaulandschaft des Toten Gebirges liegt der tiefgrüne See. In seinem klaren Wasser spiegeln sich die hellen Felsen der Trisselwand, die aus dem waldumsäumten Ostufer in einer gewaltigen, ungefähr 600 m hohen Wandflucht aufragt. Ihr Gegenstück im Norden bildet der Loser, der wie eine mächtige Kanzel emporragt. Der Ort Altaussee liegt am flachen Westufer und erstreckt sich mit seinen Streusiedlungen bis auf die Pötschenhöhe und an den Fuß des Hohen Sandling, die das Ausseer Becken gegen Westen und Nordwesten abschlie-

ßen. Im Süden gibt das offene Moränengelände den Blick auf die eindrucksvolle Hochgebirgslandschaft des Dachsteingebirges frei. Kein Wunder, daß sich diese herrliche Landschaft zu einem besonders im Sommer viel besuchten Fremdenverkehrszentrum entwickelt hat. Dazu trägt auch die Sole bei, die in dem noch immer bedeutenden Salzbergbau im Sandling gewonnen wird. Sie wird in Altaussee in der einzigen Solegradieranlage Österreichs zu Inhalationskuren verwendet, während die Altausseer Glaubersalzquelle Trinkkuren dient.
Unter den zahllosen Besonderheiten in der Umgebung des Ortes ist die Loser-Panoramastraße hervorzuheben (Mautstraße). Sie führt über neun Kilometer Länge bis auf 1.600 Meter Seehöhe an den Fuß des Loser (Bergrestaurant, Ausgangspunkt zahlreicher Spaziergänge).

Sehenswert
Pfarrkirche, spätgotisch mit Netzrippengewölbe, Mitte des 19. Jh.s neugotisch umgebaut. Sakramentshäuschen (um 1525), einige Fenster aus dem 2. Viertel des 16. Jh.s. Gemälde hl. Ägyd und hl. Barbara von Leopold Kupelwieser im Nazarenerstil, 1860. – Besichtigung des **Salzbergwerkes.** Eingang bei Steinberg (Fahrstraße, ca. 2,5 km), im Sommer täglich Führungen, Dauer ca. 1 Std. – Im Bergwerk die **Barbarakapelle** mit Einrichtungen aus der Kammerhofkapelle. Barockaltar von 1695, gotische Heiligenstatuen (Ägydius und Simon) auf beiden Seiten des Altars, um 1490. Seitlich an der Wand hl. Barbara, um 1480. – **Dreifaltigkeitssäule** in der Nähe des Kurhauses, um 1680.

BAD AUSSEE

Marktgemeinde, Bezirk Liezen, Seehöhe: 659 m, Einwohnerzahl: 5.050, Postleitzahl: A-8990. **Auskunft:** Fremdenverkehrsinformationsdienst Ausseerland, Tel 06152 (03622) 71071. **Bahnstation:** Bad Aussee; Busverbindungen mit Bad Ischl, Stainach-Irdning, Altaussee, Grundlsee, Gößl und Tauplitzalm.

Bad Aussee ist in jeder Hinsicht der Mittelpunkt des steirischen Salzkammergutes. In dem alten Salzort, der bereits um 1300 zum Markt erhoben wurde, befindet sich seit dem Mittelalter das Verwaltungszentrum des steirischen Salzbergbaues und Salinenwesens. Das Ortsbild mit seinen behäbigen Bürgerhäusern und seinen alten Kirchen spiegelt die Blüte wider, die Aussee einst dem Salz verdankte, das hier auch heute noch eine wichtige Rolle spielt. Der gesamte Salinenbetrieb ist jedoch im Ortsteil »Unterkainisch« konzentriert, so daß der übrige Markt nur noch wenig von ihm berührt wird. Schon der Ortsname, dem seit 1911 die Bezeichnung »Bad« vorangestellt wurde, läßt erkennen, daß die Sole nun die Grundlage eines neuen Wirtschaftszweiges bildet. Seit etwa 100 Jahren gewinnt Bad Aussee als Fremdenverkehrs- und Kurort zunehmende Bedeutung. Für Solebäder und Inhalationen, Trinkkuren (Altausseer Heilquelle) und vielerlei andere Heilbehandlungen stehen seine modernen Kureinrichtungen ganzjährig zur Verfügung. Spaziergänge, Wanderungen und sportliche Betätigung in der reinen, würzigen Luft unterstützen die Heilerfolge und bringen auch dem gesunden Gast die gesuchte Erholung.

Sehenswert

Pfarrkirche, ursprünglich romanisch, im 15. Jh. im gotischen Stil umgebaut. Kapellen im Norden und Süden vom Anfang des 18. Jh.s. In der Frauenkapelle hervorragende gotische Steinplastik in der Art der »Schönen Madonna aus Krumau«, um 1420. Über dem Südportal Marien- und Johannesstatue einer Kreuzigungsgruppe, vor 1500. Sakramentshäuschen aus rotem Marmor, 1523. Hauptaltar, 1784, vielleicht von Johannes Fortschecker aus Mitterndorf. An der Kirchen- und Meßnerhausmauer sehr schöne Grabsteine aus dem 16. Jh. Die große Glocke »Kunigunde« ist ein Geschenk Kaiser Friedrichs III. – **Spitalkirche,** erbaut vor 1395, wenig verändert. Schönes Kreuzgewölbe, frühgotisch schmale Fenster ohne Maßwerk, Gewölbefresken und Empore von 1553. An der Südwand ein Fresko (Thomasszene) aus dem 15. Jh. Wertvolle Ausstattung: In der Apsis gemalter gotischer Flügelaltar, 1449 von Kaiser Friedrich III. gestiftet; in der Seitenkapelle 14-Nothelfer-Altar, ebenfalls gemalt, um 1480; an den Wänden schöne gotische Heiligenstatuen, meist um 1500.– **Profanbauten: Kammerhof** mit Heimatmuseum (früher Sitz der Salinenverwaltung) am Oberen Marktplatz. Mittelalterlicher, immer wieder veränderter Bau mit schönem Fenster- und Türgewände sowie Kamineinfassung des Ausseer Steinmetzes Hans Engelprecht aus dem 16. Jh., jedoch erst 1624 eingesetzt. **Hoferhaus** am Oberen Marktplatz mit Fresken, 1530–40. **Herzheimerhaus** an der Mautbrücke (heute »Weißes Rößl«) mit Wappenstein, 1507. **Alte Steinmühle** in der Nähe des Meranplatzes mit Sgraffitoornamenten vom Ende des 16. Jh.s. Gasthaus **»Zur Blauen Traube«** in der Kirchengasse mit Römerstein (im Flur). – **Kalvarienbergkirche St. Leonhard,** als Kirche der Salzfuhrleute um 1400 an der Salzstraße erbaut, 1732 in barocke Wallfahrtskirche umgewandelt. Portal, Opferstocknische, Chorbogen und Sakristeitür gotisch, außerdem an der Emporenbrüstung 4 gotische Tafelbilder mit Szenen der Leonhardslegende, Mitte 15. Jh. – Führungen durch das **Sudhaus** in Unterkainisch. – **Alpengarten** beim Tannenwirt (Autobushaltestelle) mit ungefähr 4.000 verschiedenen Arten heimischer und ausländischer Gebirgspflanzen.

BAD MITTERNDORF

Marktemeinde, Bezirk Liezen, Seehöhe: 809 m, Einwohnerzahl: 2.850, Postleitzahl: A-8983. **Auskunft:** Kurverwaltung Bad Mitterndorf, Tel. 06153 (03623) 2444-0. **Bahnstation:** Bad Mitterndorf, Bad Mitterndorf-Heilbrunn; Busverbindungen mit Bad Aussee, Bad Ischl, Stainach-Irdning, Tauplitzalm.

Bad Mitterndorf, der Hauptort des Hinterbergtales, liegt in einer bekkenartigen Talweitung am Fuße des mächtigen Grimmingstockes. Zur zeitgemäßen Nutzung der seit der Römerzeit bekannten, heilkräftigen Therme wurde 1962 das schöne Kurmittelhaus Heilbrunn mit großer Schwimmhalle errichtet, in dem auch andere Heilbehandlungen (Moorbäder und -packungen, Kneippkuren etc.) durchgeführt werden können. Dadurch gewann Bad Mitterndorf in jüngster Zeit einen guten Ruf als Kurort, während es als Gebirgssommerfrische, vor allem aber als Wintersportplatz (Sprungschanze) schon lange bekannt ist.

Sehenswert

Pfarrkirche, Baubeginn Mitte des 14. Jh.s, im 15. Jh. erweitert. Vorzügliche Einrichtung aus der 2. Hälfte des 18. Jh.s, Altäre, Altaraufsatzbilder für Festtage und Kanzel von dem Bad Mitterndorfer Bildhauer und Maler Johann Fortschecker. Altarblatt des Barbaraaltares von Johann Martin Schmidt (Kremser Schmidt). – **Wallfahrtskirche** am Kumnitzberg bei Obersdorf, 2. Hälfte des 18. Jh.s, mit schöner Einrichtung von Johann Fortschecker. Die Glocke aus dem 13. Jh. stammt von der Pfarrkirche in Bad Aussee.

GRUNDLSEE

Gemeinde, Bezirk Liezen, Seehöhe: 732 m, Einwohnerzahl: 1.300, Postleitzahl: A-8993. **Auskunft:** Fremdenverkehrsamt Grundlsee, Tel. 06152 (03622) 8666-0. **Bahnstation:** Bad Aussee (5 km); Busverbindungen mit Bad Aussee, Gößl, Anlegestelle der Grundlsee-Schiffahrt.

Die abseits des Durchzugsverkehrs gelegene Landschaft um den Grundlsee ist ein echtes Ferienparadies. Während am Toplitz- und Kammersee die ernste Schönheit der Gebirgsnatur fast unberührt blieb, beleben am Grundlsee freundliche Siedlungen inmitten lichter Wiesen das Bild. Der klare, ungefähr 6 km lange See bietet alle Möglichkeiten zur Ausübung des Wassersportes und ist vor allem bei Seglern, Surfern und Fischern beliebt. Im Winter kann man auf seiner spiegelglatten Fläche schlittschuhlaufen und eisstockschießen. Freunde ursprünglicher Natur werden bei ihren Wanderungen durch das einsame Tote Gebirge finden was sie suchen. Grundlsee und Toplitzsee bilden den Hintergrund der bekannten Romanze um den volkstümlichen Erzherzog Johann und seine spätere Gemahlin, die Postmeistertochter Anna Plochl aus Aussee.

Sehenswert

Der Besuch der drei Seen, **Grundlsee, Toplitzsee** und **Kammersee** mit Wasserfall, vermag ein unvergeßliches Naturerlebnis zu vermitteln. – **Ranftlmühle** (restaurierte alte Mühle, Wasserfall) in Gößl.

PICHL – KANISCH

Gemeinde, Bezirk Liezen, Seehöhe: 803 m, Einwohnerzahl: 700, Postleitzahl: A-8984. **Auskunft:** Gemeindeamt Pichl-Kainisch, Tel. 06154 (03624) 201. **Bahnstation:** Kainisch; Busverbindungen mit Bad Aussee, Bad Mitterndorf, Stainach.

Sehenswert

Naturschutzgebiet um den **Ödensee.**

TAUPLITZ

Gemeinde, Bezirk Liezen, Seehöhe: 896 bis 1.620 m, Einwohnerzahl: 1.100, Postleitzahl: A-8982. **Auskunft:** Fremdenverkehrsamt Tauplitz, Tel. 03688/2446. **Bahnstation:** Tauplitz; Busverbindungen nach Bad Mitterndorf, Bad Aussee, Stainach-Irdning.
Bergbahnen: Sessel- und Schlepplifte.

Sehenswert

Tauplitzalm. – Seerosen am **Spechtensee.**

Bergtouren und Wanderungen im Steirischen Salzkammergut

57 **Wanderung:** Bad Aussee – Zinkenkogel, 1.854 m

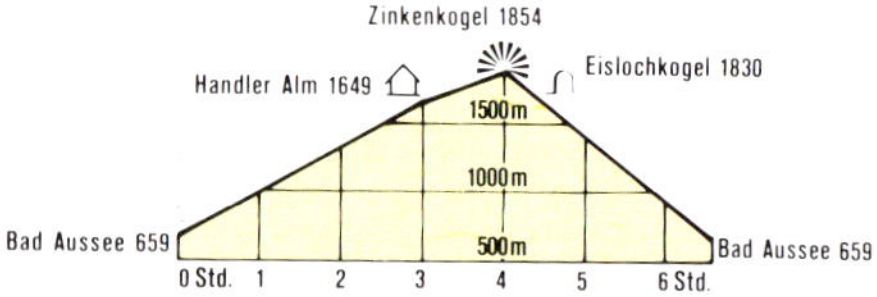

Ausgangspunkt: Bad Aussee
Parken: beim Bahnhof
Höhenunterschied: 1.200 m

Wanderzeit: $6\frac{1}{2}$ Std.
Schwierigkeitsgrad: nur für Geübte!
Einkehr: im Ort

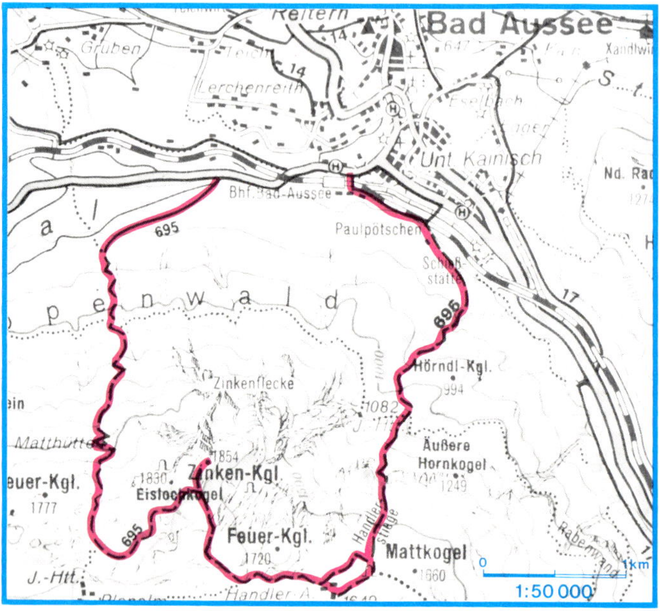

Tourenverlauf: Aufgrund seines großen Höhenunterschiedes ist der Zinkenkogel (auch Ausseer Zinken oder Koppenzinken genannt) ein anstrengendes Tagesunternehmen, das aber durch immer neue Ausblicke ungemein lohnend ist. Entlang der Bahnlinie gehen wir ostwärts, der Markierung Nr. 696 folgend. Ein guter, steiler Waldweg führt uns durch den Wintergraben aufwärts auf einen Kamm und durch den oberen Hörndlgraben auf freie Flächen. Bis zur Handler Alm benötigt man gut $2\frac{1}{2}$ Std. Hier öffnet sich unvermutet der Blick zum Dachstein. Durch schütteren Lärchenwald spazieren wir im Auf und Ab hinauf ins Schrofengelände und zum Gipfel. Ein acht Meter hohes Lärchenkreuz (mit

Gipfelbuch) wurde hier nach dem Zweiten Weltkrieg errichtet. Die Rundsicht reicht vom Toten Gebirge über die Tauplitz zum Grimming und im Süden über die Schladminger Tauern zum Dachstein. Tief unter uns liegt das Ausseer Becken. Für den Abstieg nehmen wir bei der Wegverzweigung am Gipfelfuß den rechten Steig über die Senke zum Eislochkogel. Unter einem Felsblock gelangen wir im Bogen westlich um diesen Gipfel herum und steigen durch den Bergwald in den geröllerfüllten Planergraben ab. Nach dem Koppenwald stößt man auf eine Fahrstraße, die rechts zur Koppenstraße verfolgt wird.

58 **Wanderung:** Bad Aussee – Sommersbergsee

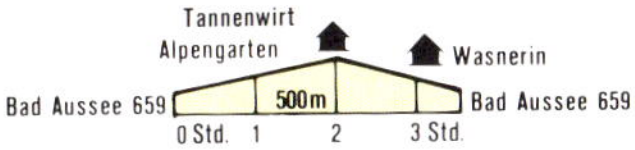

Ausgangspunkt: Bad Aussee
Parken: im Ort
Höhenunterschied: 200 m

Wanderzeit: 3½ Std.
Schwierigkeitsgrad: leicht!
Einkehr: mehrere Möglichkeiten

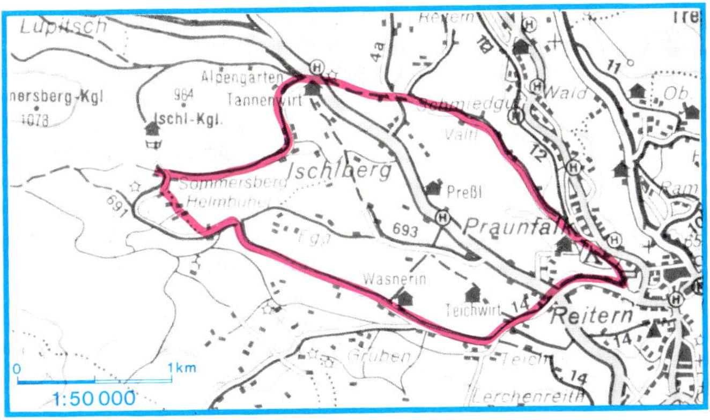

Tourenverlauf: Diese kurzweilige Wanderung in die nächste Umgebung von Bad Aussee vermittelt in vielen Details die reizvolle Landschaft des Ausseer Landes. Vom Steirerhof spazieren wir entlang der Traun zu den Tennisanlagen und weiter über die Hangterrasse des Schmiedlguts. An einigen Appartementhäusern vorbei betreten wir die Pötschenpaßstraße beim Tannenwirt. Für den Besuch des herrlich angelegten Alpengartens sollte man noch gut eine Stunde einplanen. Ein nettes Sträßchen leitet um den Ischlberg herum zum Sommersbergsee, in dessen moorhältigem Wasser ein Bad guttut. Den Rückweg treten wir nach Süden an, wobei der Blick zum Dachstein frei wird. Beim Hotel Wasnerin vorbei biegt man in Teich links ab und gelangt so zurück in den Ort.

59 **Bergwanderung:** Altaussee – Steinberg – Sandling, 1.717 m

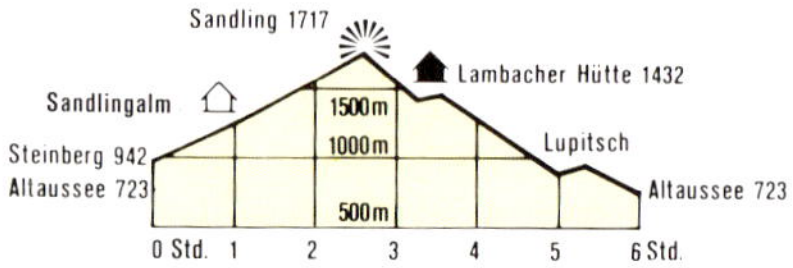

Ausgangspunkt: Altaussee
Parken: Steinberg
Höhenunterschied: 775 m

Wanderzeit: 6 Std.
Schwierigkeitsgrad: nur für Geübte!
Einkehr: Lambacher Hütte

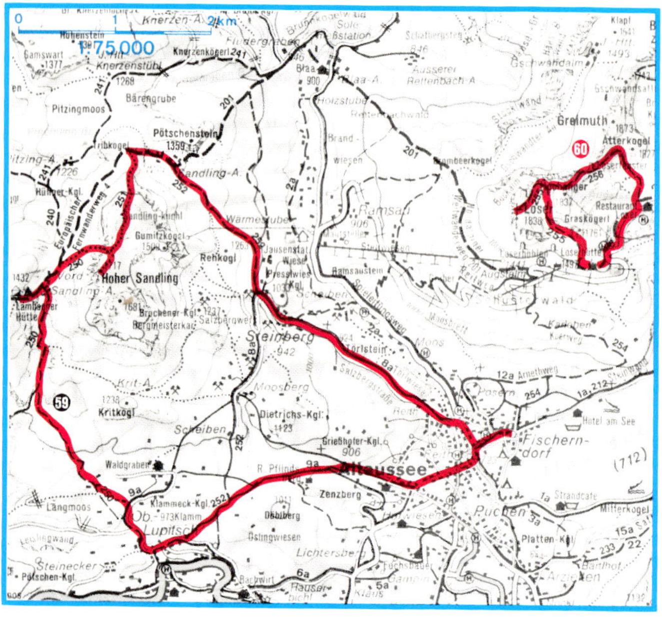

Tourenverlauf: Der Anstiegsweg zum Sandling führt uns durch historisches Salzabbaugebiet. Um einen näheren Einblick gewinnen zu können, ist der Besuch des Altausseer Salzbergwerks sehr zu empfehlen. Von Altaussee folgt man der Salzbergstraße hinauf nach Steinberg (1 Std.). Nach dem Stolleneingang Kriechbaumberg geht es in der scharfen Linkskurve geradeaus (Markierung 252) durch Wald zur Ausseer Sandlingalm. Über die Wiese steigen wir westlich in einen kleinen Sattel an. Bei der Wegteilung (Lambacher Hütte) beginnt der steile Gipfelanstieg. Südlich geht es teils ausgesetzt hinauf auf das mit Latschen bewachsene Plateau und über den kurzen Aufschwung zum Gipfel. Die Aussicht über das Ausseer Land lohnt die Anstiegsmühen. Als Abstiegsvariante bietet sich der unterhalb des Gipfels links abzweigende Weg Nr. 250 an, der auf Steiganlagen die Felsflucht überwindet und zur Vorderen Sandlingalm leitet. Wenige Minuten später kann man bei der Lambacher Hütte einkehren. Von dort kann man entweder über die Vordere Sandlingalm und die Ausseer Sandlingalm (3 Std.) oder über Oberlupitsch nach Altaussee ($2\frac{1}{2}$ Std.) zurückwandern.

Loserfenster mit Steilabstürzen des Greimuth und Totem Gebirge

60 **Bergwanderung:** Altaussee – Loserhütte, 1.497 m – Loser, 1.838 m

Ausgangspunkt: Altaussee
Parken: Loserhütte
Höhenunterschied: 340 m
Wanderzeit: 2 Std.
Schwierigkeitsgrad: mittel!
Einkehr: Loserhütte, Loser-Bergrestaurant
Karte: siehe Seite 108

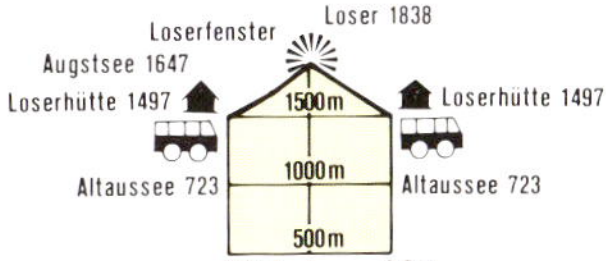

Tourenverlauf: Über die Loserstraße (Maut) fahren wir bis zum Parkplatz Loserhütte an. Entlang der Straße gelangen wir in 10 Minuten zum Parkplatz und in 5 Minuten hinauf zum Augstsee. Rund um den See führt uns der Steig am Fuß des Atterkogels entlang hinauf über Felsstufen und durch einen Kamin auf die Hochfläche. Wenig später bewundern wir das Loserfenster, ein Felstor, das den Blick zur nördlich gelegenen Gschwandalm freigibt. Über den Rücken steigen wir zum Hochanger (Fernsehsender) auf und danach in eine Senke ab (Abzweigung zur Loserhütte). Im Gegenanstieg erklimmen wir den hervorragenden Aussichtspunkt über dem Ausseer Land. Beim Abstieg nehmen wir im Sattel den Steig rechts hinab zur Loserhütte.

61 **Wanderung:** Rund um den Altausseer See

Ausgangspunkt: Altaussee
Parken: im Ort
Höhenunterschied: keiner
Wanderzeit: 2 Std.
Schwierigkeitsgrad: leicht!
Einkehr: Strandcafé, Hotel am See

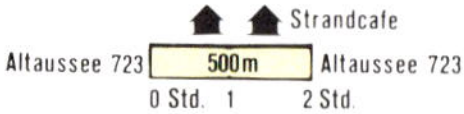

Tourenverlauf: Selten findet man einen beschaulicheren Rundwanderweg entlang eines Sees, wo kein Autolärm stört und neben herrlicher Aussicht noch zahlreiche Badegelegenheiten einladen. Wir beginnen in Altaussee/Fischerndorf und spazieren am Weg Nr. 1a am Ufer entlang. Gegenüber erhebt sich aus dem Grün des Hochwaldes die schroffe Trisselwand, beliebtes Kletterziel für alle, die die oberen Schwierigkeitsgrade lieben. Nach 35 Minuten zweigen wir von der Straße rechts ab und spazieren an einem Jagdhaus vorbei. Zwischen zahlreichen Baumgruppen kann man im Gras lagern und den Blick zum Dachstein genießen. Entlang des südlichen Seeufers wandern wir zurück, am Strandcafe vorbei, in den Ort.

62 **Wanderung:** Grundlsee – Gößl, 720 m – Wienern – Grundlsee

Ausgangspunkt: Grundlsee
Parken: im Ort
Höhenunterschied: gering
Wanderzeit: 1½ Std.
Schwierigkeitsgrad: leicht!
Einkehr: Jausenstation Veit

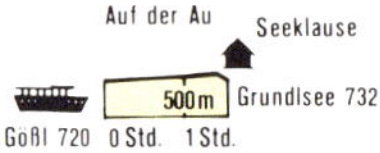

Tourenverlauf: Von Grundlsee nehmen wir das Schiff, um über den See nach Gößl anzufahren. Am Schloß Grundlsee vorbei gelangt man zur Schiffsanlegestelle in Gößl. Von dort spazieren wir südlich an einem Transformatorhäuschen vorbei über den Toplitzbach und zum Strandbad Gößl. In nächster Nähe ziehen die Gondeln der Materialseilbahn vom Gipswerk ihre Bahn. Am Campingplatz vorbei setzen wir die Wanderung durch Wienern fort und erreichen am Ende des Sträßchens den Fußweg, der uns durch den Hochwald nahe an den See heranbringt. Schöne Ausblicke über den See zum Toten Gebirge begleiten uns auf

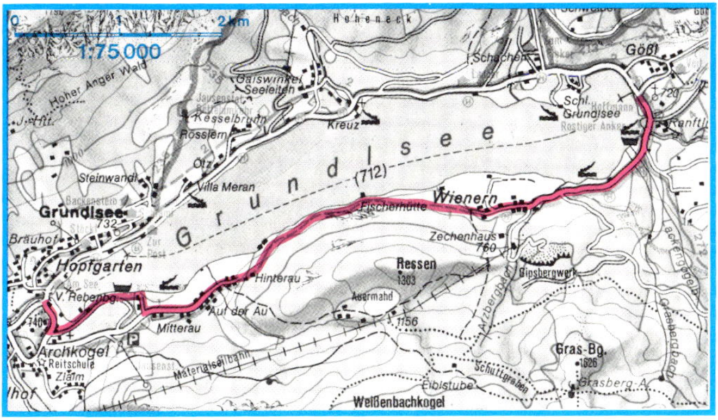

der weiteren Wegstrecke nach Hinterau. Nach Mitterau darf man die Abzweigung rechts (Richtung Strandbad) nicht versäumen. Nach dem Strandbadzugang geht es kurz bergan, und dann leicht fallend durch den Wald zur Seeklause Rebenburg. Wenige Schritte trennen uns noch vom Ausgangspunkt in Grundlsee.

Grundlsee mit Backenstein

63 **Bergwanderung:** Grundlsee – Lahngangseen – Pühringerhütte, 1.638 m

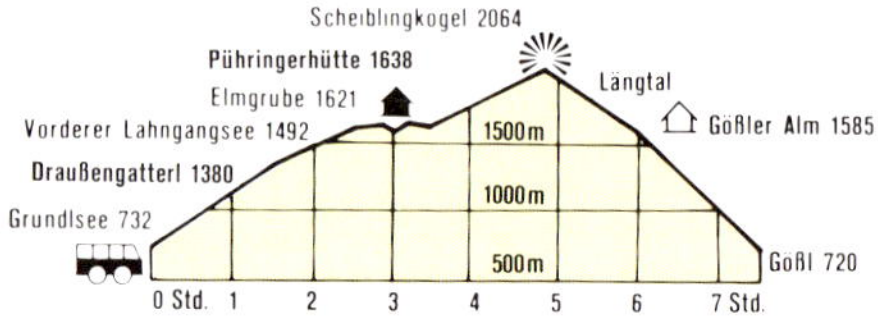

Ausgangspunkt: Gößl
Parken: bei der Schiffsstation
Höhenunterschied: 920 m

Wanderzeit: 7½ Std.
Schwierigkeitsgrad: mittel!
Einkehr: Pühringerhütte

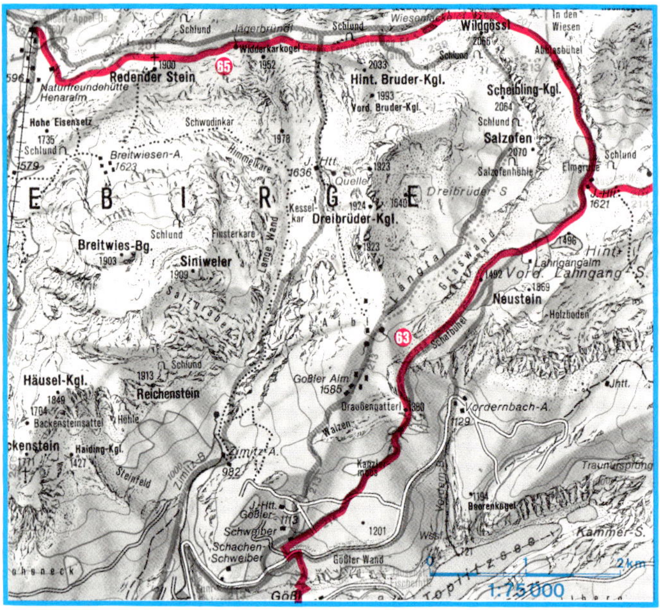

Tourenverlauf: Einen der landschaftlich schönsten Zugänge in das Tote Gebirge bietet der Weg Nr. 214 von Gößl (zwischen Toplitz- und Grundlsee gelegen) hinauf zur Pühringerhütte. In Gößl biegt man vor der Brücke links ab und folgt dem breiten Steig, der Gößler Wand ausweichend, der zu einer Forststraße emporführt. Diese wird links gequert. Nach den Hütten der Holzstube folgen wir dem bezeichneten Weg bis zu einer großen Tanne (mit Bank). Bald darauf trifft man wieder auf eine Forststraße, die man ebenfalls überschreitet. Nach 1½stündigem Aufstieg erreicht man das Draußengatterl, einen steilen Felsabbruch mit Seilsicherung. Nachdem man den darauffolgenden Schutthang hinter sich gebracht hat, wird der Steig zusehends flacher und es öffnet sich der Blick zum Vorderen Lahngangsee. An seinem Westufer spazieren wir weiter, genießen wenig später den Ausblick hinunter zum

Hinteren Lahngangsee und gelangen durch schütteren Baumbestand zu den Jagdhütten in der Elmgrube, die westlich von den Steilwänden des Salzofens überragt wird. Bei der großen Beschilderung wenden wir uns nach rechts und erreichen über einen bewachsenen Rücken (Blick auf Elmsee und Rotgschirr, 2.263 m) die gastliche Pühringerhütte. Für den Rückweg kann der Geübte als Variante den Steig über den Ablasbühel, Scheiblingkogel, Salzofen und Längtal nach Gößl wählen (3½ Std.).

Wildensee im Toten Gebirge

64 **Bergtour:** Grundlsee – Almbergweg – Albert Appel Haus, 1.660 m

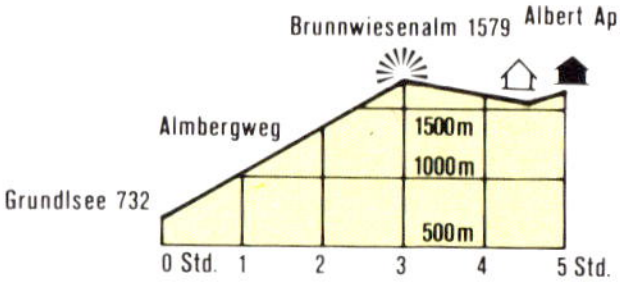

Ausgangspunkt: Grundlsee
Parken: im Ort
Höhenunterschied: 930 m

Wanderzeit: 5 Std.
Schwierigkeitsgrad: mittel!
Einkehr: Albert Appel Haus

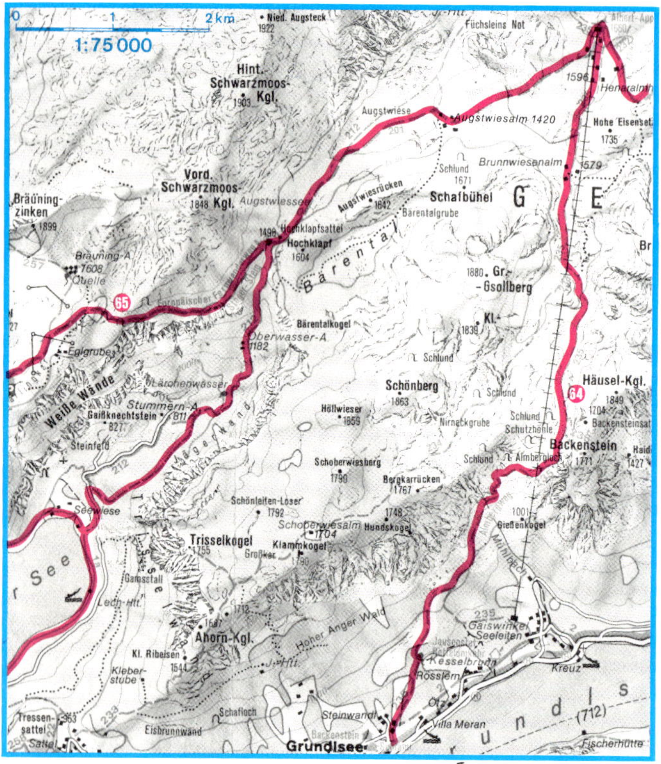

Tourenverlauf: Der Höhenweg, der mit der AV-Nummer 235 markiert ist, nimmt seinen Ausgang bei der Kirche in Grundlsee. Man folgt dem Gäßchen nach Nordosten und biegt beim Wegweiser links hinauf ab. Durch den Wald geht es steil zur Quelle Kesselbrunn hinauf. Jetzt wird der Almbergweg flacher, zieht über einen Rücken zu einer Felszone und passiert unterhalb der Kalkfelsen einige Schuttfelder, ehe man östlich ausweichend unter die Materialseilbahn gelangt. Nach drei Stunden steht man am Rand des Hochplateaus, bereits 1.000 Meter über dem Grundlsee. Durch Latschengassen und über Bergwiesen, die im Frühjahr mit überraschender Blütenpracht den Wanderer empfangen, folgt man etwa dem Verlauf der Seilbahn in genau nördlicher Richtung zum Albert Appel Haus. Für den Abstieg stehen der Anstiegsweg, die Route über die Augstwiesalm (siehe Tour Nr. 65) oder die Runde über die Elmgrube und Lahngangseen zum Grundlsee zur Auswahl.

65 Bergtour: Grundlsee – Pühringerhütte, 1.638 m – A. Appel Haus, 1.660 m – Augstwiesalm, 1.420 m – (Loser Bergrestaurant) – Altausseer See

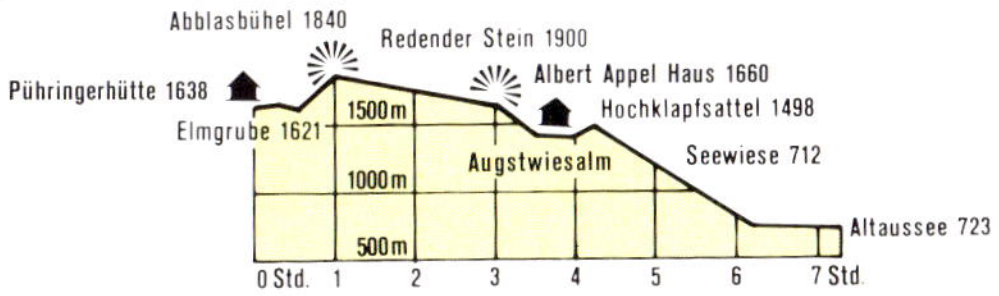

Ausgangspunkt: Bad Aussee
Parken: im Ort
Höhenunterschied: 1.000 m
Wanderzeit: 7¼ Std.

Schwierigkeitsgrad: mittel!
Einkehr: Pühringerhütte, A. Appel Haus, Loser Bergrestaurant
Karte: siehe Seite 114 und 112

Tourenverlauf: Von Bad Aussee nimmt man den Autobus bis Gößl und steigt wie bei Bergwanderung Nr. 63 beschrieben in 3 Std. zur Pühringerhütte hinauf (Nächtigung). Am nächsten Tag kehrt man wieder in die Elmgrube zu der Jagdhütte zurück und nimmt den rechts ansteigenden Weg in Richtung A. Appel Haus. Bis spät in den Sommer hinein liegt auf der Scharte beim Scheiblingkogel Schnee. Überraschend trifft man im Toten Gebirge während des Sommers Kühe, die auf der »großen Wies« weiden. Auch sonst gibt sich das Tote Gebirge bei weitem nicht öde, sondern übersät mit Lacken, Wiesenflecken und reicher Flora. Der Weg verläuft im Auf und Ab, was so richtig zum Laufen verlockt. Von den Felswänden beim Redenden Stein, 1.900 m (¼ Std. Abstecher) geht es durch eine Wiesenmulde abwärts zu dem im schütteren Wald liegenden Appel Haus, wo man bei Faßbier und Schweinsbraten (auch das Gulasch und der vorzügliche Kaiserschmarren sind empfehlenswert) vergißt, daß man sich stundenweit von der »Zivilisation« befindet. Nach dem Mittagessen geht es südwestlich und beim Wegweiser rechts hinüber zur Augstwiesalm. Nach Regenfällen ist der Pfad über die Wiesen triefnaß. Man spaziert hinab in den Laubwald und erreicht den Hochklapfsattel. Von dort bietet sich folgende Variante an: Der Europäische Fernwanderweg E4 führt nahezu eben zur Eglgrube und hinauf auf den Wiesenhügel östlich des Augstsees (Liftstation). Am Augstsee vorbei geht es in wenigen Minuten hinab zum Parkplatz mit dem Loser Bergrestaurant (Busverbindung nach Altaussee nur nachmittags!). – Wir aber wandern steil links hinunter zum Altausseer See. Bei Ausblicken auf den Dachstein kann man rechts oder links entlang des Altausseer Sees nach Altaussee wandern (Bademöglichkeiten). Von Altaussee benützt man den Bus nach Bad Aussee.

66 **Bergwanderung:** Bad Aussee – Radling – Rötelstein, 1.614 m

Ausgangspunkt: Bad Aussee
Parken: Radling
Höhenunterschied: 770 m
Wanderzeit: 4½ Std.
Schwierigkeitsgrad: mittel!

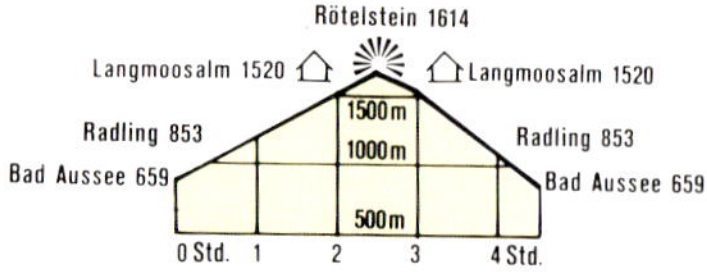

Tourenverlauf: Die schönste Zeit für diese Gipfelbesteigung ist zweifellos der Frühsommer, wenn die Gipfelregion mit leuchtender Blütenpracht den Wanderer empfängt. Für einen Familienausflug ist der nach Gesteinsfarbe benannte Rötelstein, 1.614 m, bestens geeignet. Von Radling oberhalb von Pichl führt der mit »253« markierte Steig von Beginn weg durch Hochwald und Bergwiesen hinauf zu einem Fahrweg. Dieser wird am Steig zweimal gequert und weiter geht es, nun steiler hinauf zum Kalten Bründl, einer klaren, erfrischenden Quelle. Wenige Minuten später treten wir auf die Wiesen der Langmoosalm hinaus. Bevor wir die Hütten erreichen, biegt links der Gipfelzustieg ab. Über kurze Serpentinen gelangen wir auf den langgezogenen Gipfel mit einem Steinmann und Gipfelkreuz (mit Gipfelbuch). Der Gipfel bietet allem voran eine hervorragende Aussicht auf den Dachstein, den Grimming und hinab zum Ödensee. Nach der verdienten Gipfelrast wandert man entlang des Anstiegsweges über die Langmoosalm hinab nach Radling.

67 **Rundwanderung:** Pichl – Ödensee – Kohlröserlhütte, 780 m

Ausgangspunkt: Pichl
Parken: im Ort
Höhenunterschied: 30 m
Wanderzeit: 2¼ Std.
Schwierigkeitsgrad: leicht!
Einkehr: Kohlröserlhütte
Karte: siehe Seite 116

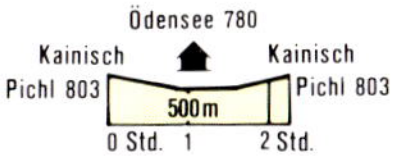

Tourenverlauf: Von Pichl wandern wir in 15 Minuten entlang der Straße nach Kainisch. Dort biegen wir nach Süden und passieren die Unterführung der Umfahrungsstraße. Nach der Eisenbahn gelangen wir zur Vereinigung der Kainisch- mit der Ödensee-Traun. Nach der Brücke nehmen wir die Straße nach rechts aufwärts und verlassen diese etwa 200 Meter später, um durch die Hochmoorlandschaft zum Ödensee zu spazieren. Die Karstlandschaft macht sich auch hier durch Dolinen bemerkbar. Eine wird Kalter See genannt, eine andere Warmer See. In ¾ Std. möchten wir den See umwandern. An vielen Stellen reicht der Wald bis ans Ufer. Manches versteckte Badeplätzchen wartet und das seichte Ufer ist für Kinder ideal. Von der Jausenstation wandern wir am bekannten Weg zurück nach Kainisch und Pichl.

68 **Almwanderung:** Tauplitz – Tauplitzhaus, 1.620 m – Steirersee, 1.457 m – Schwarzensee, 1.549 m (– Traweng, 1.981 m)

Ausgangspunkt: Tauplitz
Parken: im Ort oder auf der Tauplitzalm
Höhenunterschied: 100 m
Wanderzeit: 2 Std.
Schwierigkeitsgrad: leicht!
Einkehr: Hollhaus, Tauplitzhaus, Linzer Tauplitzhaus

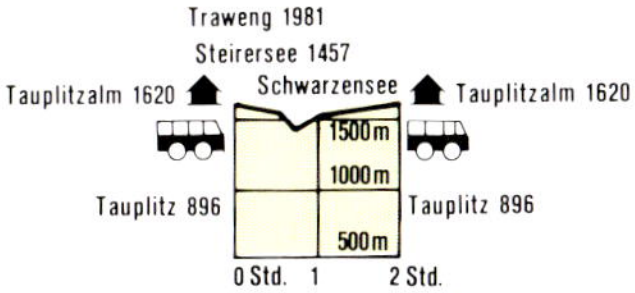

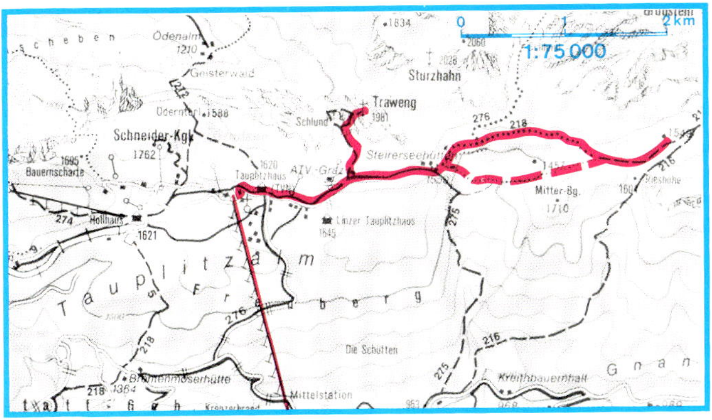

Tourenverlauf: Über die Tauplitz-Alpenstraße (Maut) kann man mit dem eigenen Auto oder mit dem Bus bequem auf die in etwa 1.500 Meter Höhe gelegene Almfläche anfahren. Auch ein Sessellift bringt uns in zwei Sektionen auf die Hochfläche empor. Am Tauplitzhaus der Naturfreunde vorbei wandern wir ostwärts zur Abzweigung beim Linzer Tauplitzhaus. Durch die Mulde wenden wir uns links den Steirerseehütten zu und traversieren den nach Süden gerichteten Latschenhang oberhalb des Steirersees. (Entlang des südlichen Ufers führt auch ein Steigerl am Ufer entlang.) Nach 30minütiger Wanderung senkt sich der Weg hinab zum Schwarzensee, unserem Wanderziel. — Von der Marburger Hütte besteht für den Gipfelbesteiger die Möglichkeit, den Traweng, 1.981 m, zu erklimmen. Durch Latschenhänge geht es an einem Höhlenportal vorbei zum höchsten Punkt (Holzkreuz) mit weitreichender Aussicht über die Almen bis zum Grimming (1 Std. ab Tauplitzhaus). — Bei beiden Wanderungen kehrt man am bereits bekannten Weg zurück zum Parkplatz oder Sesselbahn.

69 **Bergwanderung:** Tauplitz — Hollhaus, 1.621 m — Lawinenstein, 1.965 m

Ausgangspunkt: Tauplitz
Parken: Hollhaus
Höhenunterschied: 310 m
Wanderzeit: 2 Std.
Schwierigkeitsgrad: leicht!
Einkehr: Hollhaus

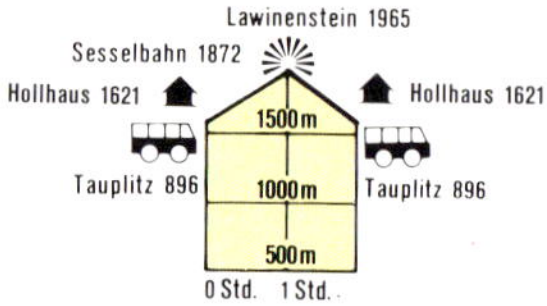

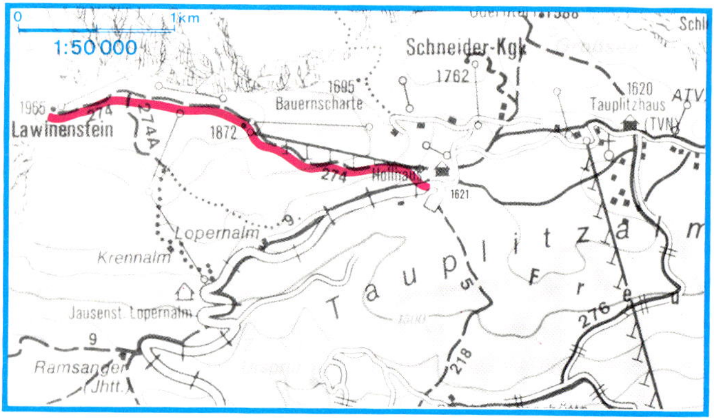

Tourenverlauf: Vom großen Parkplatz am Ende der Tauplitz-Alpenstraße steigt man in wenigen Minuten zum Hollhaus auf. Über den nach Westen hochziehenden Rücken spazieren wir aufwärts. Immer unter dem Sessellift zieht unser Steig in Serpentinen höher, an einem Kreuz vorbei bis zur Bergstation ($\frac{1}{2}$ Std.). Über flache Almwiesen schreiten wir hinüber zu einem weiteren Skilift, dessen Bergstation sich direkt am Gipfel des Lawinensteins befindet. Durch die zentrale Lage bieten sich nette Ausblicke auf das Tote Gebirge und den Grimming. Auch für den Abstieg halten wir uns am Weg Nr. 274. Vom Hollhaus lohnt sich auch der kurzweilige Abstecher hinauf zum Großsee am Fuß des Schneiderkogels. Am Nordufer kann man gut rasten und auch baden.

70 **Bergtour:** Tauplitz/Kulm – Grimming, 2.351 m

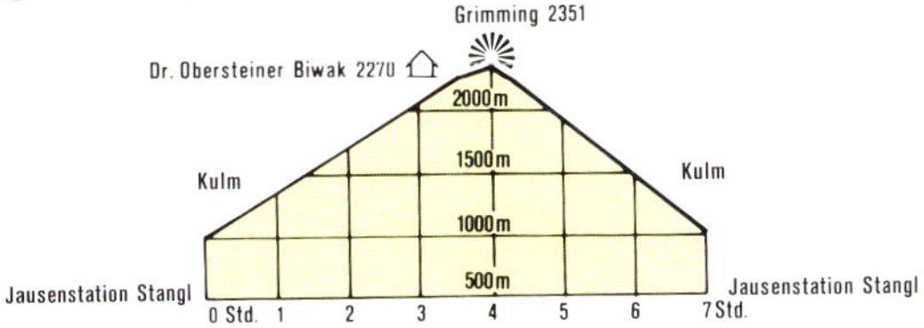

Ausgangspunkt: Tauplitz/Kulm
Parken: Kulm
Höhenunterschied: 1.350 m

Wanderzeit: 7 Std.
Schwierigkeitsgrad: nur für Geübte!
Einkehr: Jausenstation Stangl

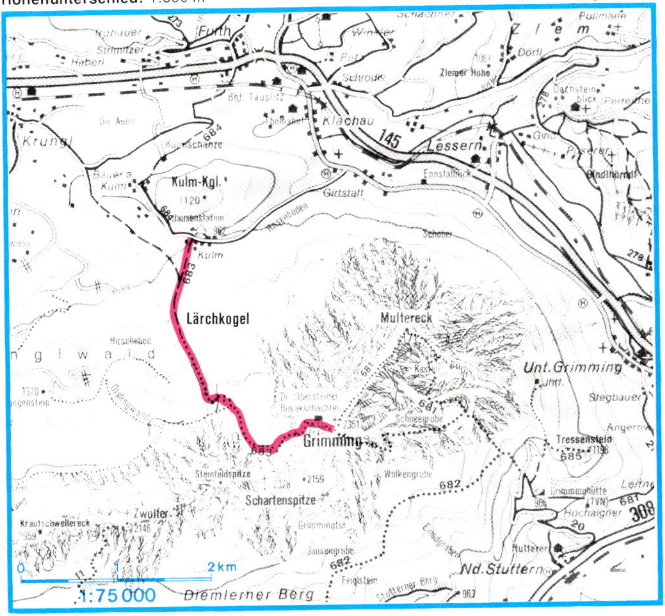

Tourenverlauf: Die beherrschendste Berggestalt im Hintertal aber auch im Ennstal um Stainach ist ein jäh hochsteigender Felsriegel, der Grimming. Für die Überwindung der 1.350 Höhenmeter ist gute Kondition erforderlich, zumal es keinen Stützpunkt auf der Route gibt. Bis Kulm kann man mit dem Pkw anfahren. Der Karrenweg in den Stribinggraben verliert sich bald und an seine Stelle tritt der mit »683« markierte Alpenvereinsweg. Rechts vom Lärchkogel steilt sich der Weg auf, führt über Schuttfelder und Grasnarben in ein Hochkar hinauf. Nach Südosten ziehen wir hinauf zu den ungangbar scheinenden Felsen, die aber mittels guter Sicherungsanlagen überwunden werden. Von der Dr. Obersteiner Biwakschachtel, einer Zufluchtsstätte bei Regen und Wetterstürzen, rechnet man noch gut 20 Minuten zum Gipfel. Beim Abstieg soll das Auslösen von Steinschlag vermieden werden!

Alpengasthöfe und Unterkunftshütten

Alle Angaben ohne Gewähr! Bitte fragen Sie vor Beginn der Wanderung im Talort nach der Bewirtschaftungszeit und erkundigen Sie sich, ob eine Übernachtungsmöglichkeit besteht.

Dachsteingebirge – Gosaukamm

Adamekhütte, 2.196 m, Alpenverein, Postleitzahl: A-4824 Gosau, Tel. 06136/567 und 546, im Sommer bewirtschaftet.Zugang: vom Vorderen Gosausee (Autobushaltestelle), 5 Std. Übergänge: zur Simonyhütte über den Hohen Trog, 4 Std. oder über die Steinerscharte (Gletscher), 3½ Std.; zur Dachsteinsüdwandhütte über die Windlegerscharte, 4–5 Std.; auf dem Linzer Weg zur Hofpürglhütte, 5½ Std. Gipfel: Dachstein 2.995 m, 2½ Std. (nur für Geübte); Torstein, 2.948 m, 3½ Std. (nur für Geübte).

Berghaus Krippenstein (Hotel), 2.074 m, privat, Postleitzahl: A-4831 Obertraun, Tel. 06134/274, im Winter und Sommer bewirtschaftet. Zugang: von Obertraun über die Schönbergalm, ca. 5 Std. oder mit der Seilbahn. Übergänge: zum Guttenberghaus, 3½–4 Std.; zum Schilcherhaus, ¾ Std.; zur Simonyhütte, 2½ Std.

Dachsteinhöhlenhaus, 1.345 m, privat, Postleitzahl: A-4831 Obertraun, im Sommer bewirtschaftet. Weitere Angaben siehe bei Schönberghaus.

Gablonzer Hütte, 1.550 m, Alpenverein, Postleitzahl: A-4824 Gosau, Tel. 06136/465 und 256, im Winter und Sommer bewirtschaftet. Zugänge: vom Vorderen Gosausee (Autobushaltestelle), 1½ Std. oder mit der Seilbahn; von Annaberg, 2½ Std.; von Rußbach, 3–3½ Std. Übergänge: zur Hofpürglhütte, 3½ Std.; zur Theodor-Körner-Hütte, 1½ Std. Gipfel: Großer Donnerkogel, 2.055 m, 2 Std. (leicht).

Gosaualm, 1.161 m, privat, Postleitzahl: A-4824 Gosau. Zugang: vom Vorderen Gosausee, 2 Std. Übergang: zur Adamekhütte, 2½ Std.

Vordere Seealm, 932 m, privat, Postleitzahl: A-4824 Gosau, im Sommer bewirtschaftet. Zugang: von Gosau, 1½ Std. oder mit Autobus. Übergänge: zur Gablonzer Hütte, 1½ Std.; zur Adamekhütte, 5 Std.; zur Gosaualm, 2 Std.

Hofpürglhütte, 1.705 m, Alpenverein, Postleitzahl: A-5532 Filzmoos, Tel. 03687/81323, im Sommer bewirtschaftet. Zugänge: von Filzmoos, 2½ Std.; vom Vorderen Gosausee, 5 Std.; von Annaberg, 3½ Std. Übergänge: zur Gablonzer Hütte auf dem Austriaweg, 3½ Std.; zur Adamekhütte auf dem Linzer Weg, 5½ Std. Gipfel: Klettergebiet um die Bischofsmütze.

Katrinalm, 1.480 m, privat, Postleitzahl: A-4820 Bad Ischl, ganzjährig bewirtschaftet. Zugänge: von Bad Ischl, 3 Std. oder mit der Seilbahn; von Lauffen, 2½ Std. Übergang: zur Ahornfeldhütte, 1½ Std. Gipfel: Katrin, 1.542 m, ½ Std.; Hainzen, 1.639 m, ¾ Std. (leicht).

Krippenbrunn, Bergheim, 1.580 m, privat, Postleitzahl: A-4831 Obertraun, ganzjährig bewirtschaftet. Zugang: von Obertraun/Winkl, 3 Std. Übergang: zum Schilcherhaus, 1 Std.

Mahdalmhütte, 1.539 m, privat, Postleitzahl: A-5524 Annaberg, ganzjährig bewirtschaftet. Zugang: von Annaberg, 2 Std. Übergänge: zur Hofpürglhütte, 1½ Std.; zur Theodor-Körner-Hütte, 2 Std.

Plankensteinalm, 1.541 m, Postleitzahl: A-4824 Gosau, im Sommer bewirtschaftet. Zugänge: von Gosau, 3 Std.; von Hallstatt, 3 Std.

Postalm, 1.282 m, privat, Postleitzahl: A-5350 Strobl, ganzjährig bewirtschaftet. Zugänge: von Strobl, 3 Std. oder auf Fahrstraße. Übergänge: zur Bleckwandhütte, 1½ Std. Gipfel: Bleckwand, 1.541 m, 1¼ Std. (leicht); Gamsfeld, 2.028 m, ca. 3½ Std. (leicht).

Selbstversorgerhütte, Schlüssel bei Franz Kysely, A-4831 Obertraun 42, Tel. 06134/7113.

Sarsteinhütte, 1.650 m, Naturfreunde, Postleitzahl: A-4831 Obertraun, Selbstversorgerhütte, Schlüssel bei Franz Kysely, A-4831 Obertraun 42, Tel. 06134/7113. Zugang: von Obertraun, 3 Std. Gipfel: Hoher Sarstein, 1.975 m, 2 Std. (leicht).

Schilcherhaus, 1.739 m, privat, Postleitzahl: A-4831 Obertraun, privat, im Winter und Sommer bewirtschaftet. Zugang: von Obertraun, 4 Std. oder mit der Seilbahn. Übergänge: zum Wiesberghaus, 1¼ Std.; zur Simonyhütte, 2½ Std.; zum Berghaus Krippenstein, 1 Std. Gipfel: Vorderer Gjaidstein, 2.414 m, 2 Std.; Mittlerer Gjaidstein, 2.482 m, 2 Std. (mittel); Hoher Gjaidstein, 2.794 m, 3 Std. (mittel).

Schönberghaus (Hotel), 1.346 m, privat, Postleitzahl: A-4831 Obertraun, im Sommer bewirtschaftet. Zugang: von Obertraun, 2½–3 Std. oder mit der Seilbahn. Übergang: zum Berghaus Krippenstein, 2–2½ Std.

Seethaler Hütte (ehem. Dachsteinwartehütte), 2.740 m, Alpenverein, Postleitzahl: A-8972 Ramsau, Tel. 03687/81036 und 81481, im Sommer einfach bewirtschaftet. Zugänge (Gletscher): von der Simonyhütte, 2 Std.; vom Schilcherhaus über den Hohen Gjaidstein, ca. 4 Std.; von der Adamekhütte, $3\frac{1}{2}$ Std. Übergang: zum Guttenberghaus, 3 Std. Gipfel: Dachstein, 2.995 m, $1\frac{1}{2}$ Std. (nur für Geübte).

Simonyhütte, 2.206 m, Alpenverein, Postleitzahl: A-4822 Bad Goisern, Tel. 06152/2322 und 06135/8808, im Winter und Sommer bewirtschaftet. Zugänge: von Hallstatt, $5\frac{1}{2}$–6 Std.; vom Schilcherhaus (3. Teilstrecke der Dachstein-Seilbahn), $2\frac{1}{2}$ Std.; von der Bergstation Hunerkogel, $1\frac{1}{2}$ Std. (Gletscherweg). Übergänge: zur Adamekhütte über den Hohen Trog, 4 Std. oder über die Steinerscharte (Gletscherweg), $3\frac{1}{2}$ Std.; zur Seethaler Hütte, 2 Std.; zum Wiesberghaus, $1\frac{1}{2}$ Std. Gipfel: Dachstein, 2.995 m, $3\frac{1}{2}$ Std. (nur für Geübte); Hoher Gjaidstein, 2.794 m, $2\frac{1}{4}$ Std. (mittel).

Strobler Hütte, 1.250 m, privat, Postleitzahl: A-5350 Strobl. Weitere Angaben siehe bei Postalm.

Stuhlalmhütte, 1.446 m, privat, Postleitzahl: A-5524 Annaberg, im Sommer bewirtschaftet. Weitere Angaben siehe bei Theodor-Körner-Hütte.

Theodor-Körner-Hütte, 1.466 m, Alpenverein, Postleitzahl: A-5524 Annaberg, Tel. 06463/8172, im Sommer bewirtschaftet. Zugang: von Annaberg, 2 Std. Übergänge: zur Gablonzer Hütte, $1\frac{1}{2}$ Std.; zur Hofpürglhütte, 2 Std. Gipfel: Klettergipfel des Gosaukammes.

Welser Hütte, 1.250 m, Naturfreunde, im Winter und Sommer bewirtschaftet. Weitere Angaben siehe bei Postalm.

Wiesberghaus, 1.882 m, Naturfreunde, Postleitzahl: A-4830 Hallstatt, Tel. 06134/591, im Winter und Sommer bewirtschaftet. Zugänge: von Hallstatt, 4 Std.; vom Schilcherhaus (3. Teilstrecke der Dachstein-Seilbahn), $1\frac{1}{4}$ Std. Übergang: zur Simonyhütte, $1\frac{1}{2}$ Std. Gipfel: Hoher Grünberg, 2.241 m, $1\frac{1}{2}$ Std. (leicht); Mittlerer und Niederer Ochsenkogel, 2.369 m bzw. 2.250 m, $1\frac{1}{2}$–2 Std. (leicht).

Salzburger und Oberösterreichische Voralpen, Höllengebirge, Traunstein

Ahornfeldhütte, 1.601 m, privat, Postleitzahl: A-4820 Bad Ischl, unbewirtschaftet. Zugänge: von Aigen (zwischen Bad Ischl und Strobl), 3 Std.; von der Bergstation der Katrin-Seilbahn, $1\frac{1}{2}$ Std. Übergang: zur Katrinalm, $1\frac{1}{2}$ Std. Gipfel: Hainzen, 1.639 m, $\frac{3}{4}$ Std. (leicht).

Bleckwandhütte, 1.329 m, Naturfreunde, Postleitzahl: A-5350 Strobl, Tel. 06138/2736, im Sommer bewirtschaftet. Zugänge: von Zinkenbach oder Strobl, $2\frac{1}{2}$ Std. Übergang: zur Niedergadenalm, $\frac{1}{2}$ Std. Gipfel: Bleckwand, 1.541 m, $\frac{3}{4}$ Std. (leicht).

Buchberghütte auf der Eisenauer Alm, 1.015 m, privat, Postleitzahl: A-4866 Unterach am Attersee, im Sommer bewirtschaftet. Zugänge: von Unterach, $1\frac{3}{4}$ Std.; von Scharfling, 2 Std. von der Burggrabenklamm, $2\frac{1}{4}$ Std. Übergänge: zur Himmelspforthütte und zum Schafberghotel, $2\frac{1}{2}$ Std. Gipfel: Schafberg, 1.783 m, ca. $2\frac{1}{2}$ Std. (leicht).

Farrenauhütte, 1.180 m, Naturfreunde, Postleitzahl: A-4645 Grünau, Tel. 07242/35182, im Winter und Sommer bewirtschaftet. Zugänge: von Grünau, $2\frac{1}{4}$ Std.; von der Bergstation des Bergliftes (Jagerspitz), $\frac{1}{4}$ Std.; auch Fahrstraße. Übergänge: zur Sepp-Huber-Hütte, 1 Std.; nach Steyrling-Ort, $5\frac{1}{2}$ Std. Gipfel: Kaserg, 1.747 m, $2\frac{1}{4}$ Std.

Feuerkogel (mehrere Gasthäuser und Hotels an der Bergstation der Feuerkogel-Seilschwebebahn), 1.594 m, privat, Postleitzahl: A-4802 Ebensee, (Feuerkogelhaus, Tel. 06133/482), ganzjährig bewirtschaftet. Zugang: von Ebensee, 3 Std. Übergang: zur Rieder Hütte, $2\frac{1}{2}$ Std.

Gaßl-Tropfsteinhöhle-Hütte, 1.211 m, Höhlenverein Ebensee, Postleitzahl: A-4802 Ebensee, im Sommer bewirtschaftet. Zugang: von Ebensee, $2\frac{1}{4}$ Std.

Gmundner Hütte, 1.661 m, Alpenverein, Postleitzahl: A-4810 Gmunden, Tel. 0663/75550 und 07245/4728, im Sommer bewirtschaftet. Zugänge: von Gmunden bzw. von der Schiffsanlegestelle Hois'n, $4\frac{1}{2}$ bzw. $3\frac{1}{2}$ Std. Übergang: zur Traunsteinhütte, $\frac{1}{4}$ Std.

Goiserer Hütte, 1.596 m, Alpenverein, Postleitzahl: A-4831 Obertraun, Tel. 06131/227, im Sommer bewirtschaftet. Zugänge: von Bad Goisern, 3 Std.; von Gosau, 2–2½ Std. Gipfel: Hochkalmberg, 1.833 m, 1 Std.; Großer Brettkogel, 1.658 m, 1½–2 Std.; Gamsfeld, 2.028 m, 2½–3 Std. (alle leicht–mittel).

Grünberghaus, 984 m, privat, Postleitzahl: A-4810 Gmunden, ganzjährig bewirtschaftet. Zugänge: von Gmunden, 1¾ Std.; von der Schiffsanlegestelle Hois'n, 1½ Std. oder mit der Seilbahn.

Himmelspforthütte, 1.760 m, privat, Postleitzahl: A-5360 St. Wolfgang im Salzkammergut, im Sommer bewirtschaftet. Zugänge: von St. Wolfgang, St. Gilgen, Unterach und Scharfling, jeweils ca. 4 Std. oder mit der Zahnradbahn. Übergang: zur Buchberghütte, 2½ Std.

Hochberghaus, 1.100 m, privat, Postleitzahl: A-4645 Grünau. Zugang: von Grünau, 2 Std. Auch Fahrstraße. Übergang: zur Farrenauhütte, ½ Std.

Hochlackenhof (Gasthaus), 774 m, privat, Postleitzahl: A-5340 St. Gilgen, ganzjährig bewirtschaftet. Zugänge: von St. Gilgen, ¾ Std.; von Fuschl, ca. 1 Std.

Hochleckenhaus, 1.572 m, Alpenverein, Postleitzahl: A-4814 Neukirchen/Altmünster, Tel. 07666/588 und 07618/338 im Sommer bewirtschaftet. Zugänge: von Steinbach am Attersee, 4 Std.; von der Taferlklause im Aurachtal, 2 Std.; von Weißenbach, 4–4½ Std. Übergang: zur Rieder Hütte, ca. 5 Std. Gipfel: Hochleckenkogel, 1.691 m, ¾ Std.; Brunnkogel, 1.708 m, 1 Std.

Hochsteinalm, 907 m, privat, Postleitzahl: A-4802 Ebensee, zeitweise bewirtschaftet. Zugänge: von Traunkirchen oder Ebensee, je 2 Std.; von Mühlbachberg, 1 Std.

Hongar, 934 m, privat, Postleitzahl: A-4861 Schörfling, ganzjährig bewirtschaftet. Zugänge: von Schörfling, 2 Std.; von Aurach, 1½ Std.; von Pinsdorf, 2½ Std.

Kronberg (Gasthaus), 790 m, privat, Postleitzahl: A-4810 Gmunden, ganzjährig bewirtschaftet. Zugang: von Pinsdorf, 1¼ Std.

Mairalm, 789 m, privat, Postleitzahl: A-4810 Gmunden, im Sommer bewirtschaftet. Zugang: vom Hoisn, 1½ Std. Übergang: zur Traunsteinhütte, 2½ Std.

Neue Braunauer Hütte, 1.193 m, Alpenverein, Selbstversorgerhütte, Auskunft bei: Josef Haslinger, Jubiläumstr. 14, A-5280 Braunau/Inn, Tel. 07722/3459. Zugang: von St. Gilgen, 2¼ Std.; von der Bergstation der Zwölferhorn-Seilbahn, ¾ Std. Gipfel: Zwölferhorn, 1.522 m, 1 Std. (leicht).

Rieder Hütte, 1.759 m, Alpenverein, Postleitzahl: A-4802 Ebensee, Tel. 07752/55294, im Winter und Sommer bewirtschaftet. Zugänge: von Ebensee – Bergstation der Feuerkogelseilbahn, 1.594 m, 1–1½ Std.; Langwies oder Steinkogel über die Vordere Spitzalm – Haselwaldgasse, 4–5 Std. Übergang: zum Hochleckenhaus, 5 Std. Gipfel: Großer Höllkogel, 1.862 m, ¾ Std., Kleiner Höllkogel, 1.790 m, ¼ Std., Eiblgupf, 1.810 m, 1 Std.

Schafbergalm, 1.364 m, privat, Postleitzahl: A-5360 St. Wolfgang im Salzkammergut, ganzjährig bewirtschaftet. Zugänge: von St. Wolfgang und St. Gilgen, je 2½ Std. Übergänge: zur Himmelspforthütte und zum Schafberghotel, je 1¼ Std. Gipfel: Schafberg, 1.783 m, 1¼ Std. (leicht).

Schafberghotel, 1.782 m, privat, auf dem Gipfel des Schafbergs, im Sommer bewirtschaftet (alle übrigen Angaben siehe bei Himmelspforthütte).

Schoberhütte, 1.328 m, Alpenverein, Postleitzahl: A-5370 Mondsee, Tel. im Tal 06235/301, offener Unterstand auf dem Schober. Zugänge: von Mondsee und St. Lorenz, ca. je 2 Std.

Sepp-Huber-Hütte, 1.506 m, privat, Postleitzahl: A-4645 Grünau, ganzjährig bewirtschaftet. Zugänge: von Grünau, 3½ Std; Kasbergstraße (Maut). Gipfel: Kasberg, 1.747 m, 1¼ Std.

Sonnsteinhütte, 923 m, Postleitzahl: A-4801 Traunkirchen. Zugang: von Traunkirchen, 1¼ Std. Übergang: zum Großen Sonnstein, ¾ Std. Gipfel: Kleiner Sonnstein, 3 Min.

Traunsteinhütte, 1.581 m, Naturfreunde, Postleitzahl: A-4810 Gmunden, Tel. 07612/5010, im Sommer bewirtschaftet, April und Oktober nur an Feiertagen und am Wochenende. Zugänge: über Mairalm, 3½ Std.; über den Naturfreundesteig, 3 Std. (nur für Geübte, I–II). Übergang: zur Gmundner Hütte, ¼ Std.

Zwölferhornhütte, 1.460 m, privat, Postleitzahl: A-5340 St. Gilgen, im Winter und Sommer bewirtschaftet. Zugang: von St. Gilgen, 2½–3 Std. oder mit der Seilbahn.

Totes Gebirge mit Sandlingstock

Albert Appel Haus, 1.660 m, Österreichischer Touristenverein, Postleitzahl: A-8993 Grundlsee, im Sommer bewirtschaftet. Zugänge: von Altaussee, 4 Std.; von Grundlsee, 3½ Std. Übergänge: zur Ebenseer Hochkogelhütte, 4–5 Std.; zur Ischler Hütte, ca. 4½ Std.; zur Pühringerhütte, 4 Std. Gipfel: Großer Woising, 2.064 m, 1½ Std. (leicht); Scheiblingkogel, 2.064 m, ca. 2½ Std. (mittel).

Almtaler Haus, 714 m, Alpenverein, Postleitzahl: A-4645 Grünau, Tel. 07616/8248, im Sommer bewirtschaftet. Zugänge: von Grünau, 3½ Std., auch Straße; von Habernau (Autobus von Grünau), 1¼ Std.; vom Bahnhof Steyrling, 4¼ Std. Übergänge: zur Welser Hütte, 3 Std.; zur Pühringerhütte, 7 Std.; zum Priel-Schutzhaus, 5 Std.

Ebenseer Hochkogelhütte, 1.558 m, Naturfreunde, Postleitzahl: A-4802 Ebensee, Tel. 06133/324, im Sommer bewirtschaftet. Zugang: vom Parkplatz am Schwarzenbach, 2½ Std.; von der Haltestelle Steinkogel, 3½ Std. Übergang: zur Rinnerkogelhütte, 3½ Std. Gipfel: Hochkogel, 1.591 m, ¼ Std.; Schönberg (Wildenkogel), 2.093 m, 2 Std.; Großer Scheiblingkogel, 2.024 m, 2 Std.

Hollhaus, 1.621 m, Alpenverein, Postleitzahl: A-8982 Tauplitzalm, Tel. 03688/2302, ganzjährig bewirtschaftet, Mai und Oktober geschlossen. Zugänge: Parkplatz (Mautstraße!) Tauplitzalm, 5 min.; Sessellift – Bergstation Tauplitzalm, 20 min., von Zauchen, 2½ Std. Übergänge: zum Linzer Tauplitzhaus, ¾ Std.; zur Liezener Hütte, über Steirersee-Leistalmhütte, 4½ Std. Gipfel: Lawinenstein, 1.965 m, 1½ Std.; Traweng, 1.981 m, 1½ Std.; Roßkogel, 1.884 m, 3 Std.

Hütteneckalm, 1.240 m, privat, Postleitzahl: A-4822 Bad Goisern, im Winter und Sommer bewirtschaftet. Zugänge: von Bad Goisern, ca. 2½ Std. (von der Bergstation des Sesselliftes, 1¼ Std.); von Lauffen und Bad Ischl, 2½–3 Std. Übergang: zur Lambacher Hütte, 1 Std. Gipfel: Sandling, 1.717 m, 2–2½ Std. (mittel, seilversichert).

Ischler Hütte, 1.369 m, Alpenverein, Postleitzahl: A-4820 Bad Ischl, Tel. 07618/338, im Sommer bewirtschaftet. Zugänge: von Bad Ischl, ca. 4 Std. oder mit Kfz bis zur Rettenbachalm, von dort ca. 2 Std.; von Altaussee, 3–3½ Std. oder mit Kfz bis zur Blaa-Alm, von dort 2 Std. Übergang: zur Ebenseer Hochkogelhütte, ca. 2 Std. Gipfel: Schönberg, 2.093 m, 2–2½ Std. (leicht).

Lambacher Hütte, 1.432 m, Alpenverein, Postleitzahl: A-4650 Lambach, Tel. 06152/4882 und 07245/2331, im Sommer an Wochenenden und Feiertagen beaufsichtigt, Selbstversorgerhütte, nur Getränke erhältlich. Zugänge: von der Haltestelle Lupitsch an der Pötschenstraße, 1½ Std.; von Bad Goisern, 3–3½ Std. (von der Bergstation des Sesselliftes, 2¼ Std.). Übergänge: zur Ischler Hütte, 5 Std.; zur Loserhütte, ca. 3½ Std.; zur Hütteneckalm, 1 Std. Gipfel: Sandling, 1.717 m, 1–1½ Std. (mittel, seilversichert).

Loserhütte, 1.497 m, Alpenverein, Postleitzahl: A-8992 Altaussee, Tel. 06152/71202, ganzjährig bewirtschaftet, November geschlossen. Zugang: von Altaussee, 2 Std. Übergänge: zum Albert Appel Haus 5 Std. oder zur Wildenseehütte, 4 Std. Gipfel: Loser, 1.838 m, 1 Std. (leicht); Bräuningzinken, 1.899 m, 1¼ Std. (leicht).

Priel-Schutzhaus, 1.420 m, Alpenverein, Postleitzahl: A-4573 Hinterstoder, Tel. 07564/5347 und 5531, im Sommer bewirtschaftet. Zugang: von Hinterstoder, Johannishof, ab Hinterstoder Bahnhof, 3 Std. Übergänge: zur Welser Hütte, 4½ Std.; zur Pühringerhütte auf dem Ausseer-Weg, 5½ Std.; zum Almsee über den Röllsattel, 7 Std.; Hochflächenüberquerung (Skiroute) zur Tauplitzalm, 10 Std. Gipfel: Großer Priel, 2.515 m, 3 Std.

Pühringerhütte, 1.638 m, Alpenverein, Postleitzahl: A-8993 Grundlsee, Tel. 06152/8678, im Sommer bewirtschaftet. Zugänge: vom Almsee, 4 Std.; vom Grundlsee, 3 Std. Übergänge: zum Albert Appel Haus, 4 Std.; zum Priel-Schutzhaus, 5½ Std.; zur Welser Hütte, 4½ Std. Gipfel: Großer Priel, 2.515 m, 4 Std.; Scheiblingkogel, 2.064 m, 1¾ Std.; Schermberg, 2.396 m, 4 Std.; Feuertalberg, 2.377 m, 3 Std.

Raschberghütte, 1.358 m, Naturfreunde, Postleitzahl: A-4822 Bad Goisern, Selbstversorgerhütte, Voranmeldung bei W. Pramesberger, St. Agatha 49, A-4822 Bad Goisern, Tel. 06135/8641. Zugänge: von St. Agatha bei Goisern auf kleiner Fahrstraße bis zur Hütte; von Bad Goisern, 2½–3 Std. Übergänge: zur Lambacher Hütte, ½ Std.; zur Hütteneckalm, 20 min. Gipfel: Sandling, 1.717 m, 1½–2 Std. (mittel, seilversichert); Hoher Raschberg, 1.499 m, ½ Std. (leicht).

Rinnerkogelhütte, 1.470 m, Bergsteigerbund Ebensee, Postleitzahl: A-4802 Ebensee, im Sommer bewirtschaftet, im Mai und Juni nur samstags und sonntags. Zugang: von Ebensee über Offensee, 2¾ Std. Übergänge: zur Ebenseer Hochkogelhütte, 5 Std.; zur Wildenseehütte über Wildensee nach Altaussee, 6 Std. Gipfel: Roßkogel, 1.928 m, 1½ Std.; Rinnerkogel, 2.012 m, 1¼ Std.

Welser Hütte, 1.815 m, Alpenverein, Postleitzahl: A-4645 Grünau, Tel. 07616/8088 und 8078, im Sommer bewirtschaftet. Zugänge: von Grünau, 6½ Std., von Habernau, Autobushaltestelle, 4½ Std.; vom Almtaler Haus, 3 Std. Übergänge: zur Pühringerhütte über den Fleischbanksattel und Ausseer Weg, 4½ Std.; zum Priel-Schutzhaus, 3 Std. Gipfel: Großer Priel, 2.515 m, 2½ Std.; Schermberg, 2.396 m, 2 Std.

Orte · Hütten · Berge

Das große KOMPASS-Wanderkartenprogramm Alpen 1:50.000

Eine farbige Schnittübersicht der KOMPASS-Wanderkarten erhalten Sie kostenlos bei Ihrem Buchhändler oder beim Verlag.

● = Titel mit Kurzführer
□ = Titel mit Radwanderwegen
○ = Titel mit Langlaufloipen
△ = Titel mit alpinen Skirouten
* = Titel in Vorbereitung
Sondermaßstäbe siehe Titelverzeichnis

K 1a	Bodensee – West ● □
K 1b	Bodensee – Ost ● □
K 1c	Bodensee, Gesamtgebiet 1:75.000 ● □
K 2	Bregenzer Wald – Westallgäu ● □ △
K 02	Oberstaufen 1:25.000 ● □ ○
K 3	Allgäuer Alpen – Kl. Walsertal ● □ △
K 03	Oberstdorf – Kleinwalsertal 1:30.000 ● □ ○ △
K 4	Füssen – Außerfern ● □
K 5	Wettersteingebirge ● □
K 05	Oberammergau und Ammertal 1:35.000 ● □
K 6	Walchensee – Wallgau – Krün ● □
K 7	Murnau – Kochel – Staffelsee ● □
K 8	Tegernsee – Schliersee ● □
K 08	Tegernseer Tal 1:30.000 ● □
K 008	Bayrischzell – Schliersee 1:35.000 ● □ ○
K 9	Kaisergebirge ● □
K 09	Kufstein – Kaisergebirge 1:30.000 ● □ ○
K 009	Oberaudorf 1:30.000 □ ○
K 10	Chiemsee – Simssee ● □
K 012	Kössen – Zahmer Kaiser 1:30.000 ● □ ○
K 14	Berchtesgadener Land – Chiemgauer Alpen ● □ △
K 15	Tennengebirge – Hochkönig ● □ △
K 16	Traunstein – Waginger See ● □
K 17	Salzburger Seengebiet ● □
K 017	Salzburg und Umgebung 1:35.000 ● □
K 18	Nördl. Salzkammergut ● □
K 018	Wolfgangsee 1:35.000 ● □
K 19	Almtal – Kremstal – Steyrtal ● □ △
K 20	Dachstein – Südl. Salzkammergut ● □ △
K 21	Feldkirch – Vaduz ● □
K 24	Lechtaler Alpen – Hornbachkette ● □ △
K 25	Ehrwald – Lermoos – Mieminger Kette ● □
K 26	Karwendelgebirge ● □
K 026	Seefeld (Tirol) – Leutasch 1:25.000 ● □
K 27	Achensee – Rofangebirge ● □ △
K 28	Nördliches Zillertal ● □ △
K 29	Kitzbüheler Alpen ● □ △
K 029	Kitzbühel 1:30.000 ● △ ○
K 30	Saalfelden – Leoganger Steinberge ● □ △
K 030	Zell am See – Kaprun 1:30.000 ● □ ○ △
K 31	Radstadt – Schladming ● □ △
K 32	Bludenz – Schruns – Klostertal ● □ △
K 33	Arlberg – Nördl. Verwallgruppe ● △
K 35	Imst – Telfs – Kühtai ● □ △
K 36	Innsbruck – Brenner ● □ △
K 036	Innsbruck – Igls – Hall i. Tirol 1:30.000 ● □
K 37	Zillertaler Alpen – Tuxer Voralpen ● △
K 037	Mayrhofen – Zillergrund – Tuxer Tal 1:25.000 ● △
K 38	Venedigergruppe – Oberpinzgau ● □ △ ○
K 39	Glocknergruppe – Zell a. See ● □ ○ △
K 40	Gasteiner Tal – Goldberggruppe ● △
K 040	Badgastein – Bad Hofgastein 1:30.000 ● □ △
K 41	Silvretta – Verwallgruppe ● △
K 041	Obervinschgau/Alta Val Venosta 1:35.000 ● △
K 42	Landeck – Nauders ● △
K 042	Inneres Ötztal 1:25.000 ● △
K 43	Ötztaler Alpen ● △
K 043	Naturpark Texelgruppe – Meraner Höhenweg 1:35.000 ● △
K 44	Sterzing/Vipiteno ● △
K 044	Passeiertal/Val Passiria 1:35.000 ● △
K 45	Defereggental – Lasörlinggruppe ● △
K 46	Matrei (Osttirol) ● △
K 47	Lienzer Dolomiten – Lesachtal ● △
K 047	Lienzer Talboden 1:25.000 ● ○
K 48	Kals – Granatspitzgruppe ● △
K 49	Mallnitz – Obervellach ● △
K 50	Heiligenblut – Großkirchheim ● △
K 051	Naturns – Latsch 1:35.000 ● △
K 52	Vinschgau/Val Venosta ● △

K 052 Ultental/Val d'Ultimo 1:40.000 ● △
K 53 Meran/Merano ● △
K 053 Meran 1:25.000 ●
K 54 Bozen/Bolzano ● △
K 054 Lana 1:25.000 ●
K 55 Cortina d'Ampezzo ● △
K 055 Tschögglberg/Monzoccolo 1:35.000 ●
K 56 Brixen/Bressanone ● △
K 056 Sarntal/Val Sarentino 1:35.000 ● △
K 57 Bruneck – Toblach ● △
K 057 Antholz – Gsies 1:35.000 ● △
K 58 Sextener Dolomiten ● △
K 59 Sellagruppe – Marmolada ● △
K 60 Gailtaler Alpen – Karnische Alpen ● □
K 61 Wörther – Ossiacher See ● □
K 061 Wörther See – Klagenfurt 1:30.000 ● □
K 63 Millstätter See – Nockgebiet ● □ △
K 063 Bad Kleinkirchheim 1:25.000 ● ○
K 64 Villacher Alpe – Unteres Drautal ● □
K 064 Villach – Warmbad Villach 1:22.500 ● ○
K 65 Klopeiner See – Östl. Karawanken ● □ △
K 065 Klopeiner See 1:25.000 ● □
K 66 Maltatal – Liesertal ● △
K 67 Lungau – Radstädter Tauern ● □ △
K 68 Ausseerland – Ennstal ● □ △
K 69 Gesäuse – Pyhrn – Priel ● □ △
K 71 Adamello – La Presanella ● △
K 071 Nonsberg – Mendel 1:35.000 ●
K 72 Ortler/Ortles – Cevedale ● △
K 072 Nationalpark Stilfser Joch ●
K 73 Gruppo di Brenta ● △
K 073 Dolomiti di Brenta 1:30.000 ● △
K 74 Tramin/Termeno – Cavalese ● △
K 074 Südtiroler Weinstraße 1:35.000 ● □
K 75 Trento – Levico – Lavarone ● △
K 075 Baselga di Pinè – Valle dei Mocheni 1:35.000 ●
K 76 Pale di San Martino ● △
K 77 Alpi Bellunesi ●
K 78 Altipiano dei Sette Comuni ● △
K 80 Großarltal – Kleinarltal ● △
K 81 Alpbach – Gerlos – Wildschönau ● □ △
K 081 Pfunderer Berge 1:35.000 ● △
K 82 Tauferer – Ahrntal/Valle di Tures ● △
K 082 Ahrntaler Berge 1:35.000 ● △
K 83 Stubaier Alpen – Serleskamm ● △
K 85 Mont Blanc/Monte Bianco ● △
K 86 Gran Paradiso – Valle d'Aosta ● △
K 87 Breuil/Cervinia – Zermatt ● △
K 88 Monte Rosa ● △
K 89 Domodóssola ● △
K 90 Lago Maggiore – Lago di Varese ● △
K 91 Lago di Como – Lago di Lugano ● △
K 92 Chiavenna – Val Bregaglia ● △
K 93 Bernina – Sondrio ● △
K 94 Edolo – Aprica ● △
K 96 Bormio – Livigno – Corna di Campo ● △
K 97 Omegna – Varallo – Lago d'Orta ● △
K 100 Monti Lessini ●
K 101 Rovereto – Monte Pasubio ● △
K 102 Lago di Garda – Monte Baldo ●
K 103 Le Tre Valli Bresciane ● △
K 104 Foppolo – Valle Seriana ● △
K 105 Lecco – Valle Brembana ● △
K 120 Europäischer Fernwanderweg E5 Teilstrecke Nord: Konstanz – Mittelberg ●
K 121 Europäischer Fernwanderweg E5 Teilstrecke Süd: Mittelberg – Verona ●
K 150 Donauradweg Schwarzwald – Regensburg ● □
K 151 Donauradweg Regensburg – Hainburg ● □
K 179 Pfaffenwinkel – Schongauer Land ● □ ○
K 0179 Bad Kohlgrub 1:10.000/1:35.000 ●
K 180 Starnberger See/Ammersee ● □
K 181 Rosenheim – Bad Aibling ● □
K 182 Isarwinkel ● □
K 183 Freising – Erding – Markt Schwaben ● □
K 0184 Bad Wörishofen 1:20.000 ● □
K 186 Oberschwaben – Leutkirch ● □
K 187 Isny – Wangen ● □
K 188 Kaufbeuren – Ostallgäu ● □
K 189 Landsberg/Lech – Ammersee ● □
K 190 Augsburg – Dachau – Fürstenfeldbruck ● □
K 207 Wachau – Nibelungengau ● □
K 209 Wienerwald 1:35.000 ● □
K 210 Wiener Hausberge 1:35.000 ● □ △
K 212 Hochschwab – Mariazell 1:35.000 ● □ △
K 215 Neusiedler See ●
K 217 Südsteir. Weinland 1:35.000 ● □
K 615 Brixen – St. Vigil – Enneberg 1:25.000 ●
K 616 Gröden – Sella – Canazei 1:25.000 ●
K 617 Cortina d'Ampezzo – Dolomiti Ampezzane 1:25.000 ●
K 618 Fleimstal – Catena dei Lagorai 1:25.000 ●
K 619 Fassatal – Marmolada – Moena 1:25.000 ●
K 620 Monte Antelao – Monte Pelmo – Alleghe – Valle di Zoldo 1:25.000 ●
K 621 Val Sugana – Cima d'Asta – Val dei Mocheni 1:25.000 ●
K 622 Pale di S. Martino – Fiera di Primiero 1:25.000 ●
K 623 Asiago – Sette Comuni – Val d'Astico 1:25.000 ●
K 640 Nice – Monaco – San Remo ●
K 641 Alássio – Impéria ●

Titel der KOMPASS-Wanderbücher

Österreich

901 Reutte-Außerfern
902 Ötztal-Pitztal
903 Zillertal-Gerlos
904 Kitzbüheler Alpen
905 Kufstein-Kaisergebirge
906 Stubaital-Wipptal
907 Karwendel-Rofan
908 Innsbruck-Seefeld
909 Kaunertal-Samnaun
910 Arlberg-Silvretta
911 Bludenz-Montafon
912 Bregenzer Wald
913 Lienz-Osttirol
914 Zell am See-Oberpinzgau
915 Lofer-Saalfelden
916 Salzburg-Tennengau
917 Gasteiner Tal-Pongau
918 Salzkammergut-Dachstein
978 Mölltal-Maltatal-Liesertal
979 Wachau-Nibelungengau
980 Wienerwald
981 Kärntner Seen-Klagenfurt
982 Gailtal-Lesachtal-
Karnischer Höhenweg

Deutschland

920 Berchtesgadener Land
921 Chiemgau-Bayer. Inntal
922 Tegernsee-Schliersee-Bad Tölz
923 Garmisch-P.-Werdenfelser Land
924 Pfaffenwinkel-Ostallgäu
925 Allgäuer Alpen
926 Fünfseenland
940 Insel Sylt

Italien

950 Vinschgau-Ortlergruppe
951 Meran-Burggrafenamt
952 Südtiroler Weinstraße-Unterland
953 Bozen-Salten-Schlern
954 Eisacktal
955 Pustertal-Tauferer-Ahrntal
956 Dolomiten
957 Brentagruppe
966 Klettersteige Dolomiten-Nord
967 Klettersteige Dolomiten-Süd

Titel der KOMPASS-Stadtführer

Österreich

501 Innsbruck-Igls-Hall
510 Salzburg
520 Wien
530 Graz
535 Klagenfurt-Wörther See

Deutschland

580 München

Italien

540 Brixen-Klausen
545 Bozen
550 Meran
555 Trento (Trient)
560 Venedig
564 Florenz
568 Rom
572 Siena
575 Verona

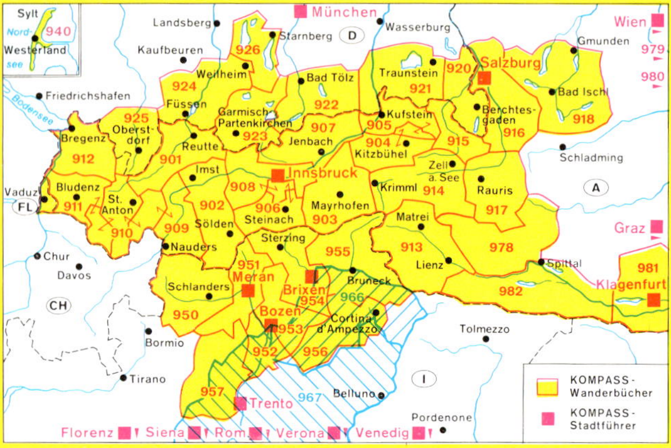